U0957723

BE MORE

JAPAN

日式生活之美

BE MORE

JAPAN

日式生活之美

[英] DK 出版社 编著　丁妍妍 译

華中科技大學出版社
http://www.hustp.com
中国·武汉

有书至美
BOOK & BEAUTY

‹富士山和忠灵塔的壮丽景色。

目录

»

›东京市中心人群熙熙攘攘的涩谷路口

アコム
レイク
アイフル
109MEN'S
109MEN'S
AVANT

‹京都的艺伎学徒。

引言

日式生活之道

1853年的夏天，四艘美国船只驶入东京湾，结束了日本200余年的闭关锁国。美国人发现的这个与众不同、与世隔绝的国家立刻吸引了世界的关注，随即掀起了一场“日本风格”的狂潮，永远地改变了西方艺术和美学。今天，日本依然令人着迷和感到欣喜。惊人的现代感和古老的传统在这个国家兼容并包，优雅的艺伎、身着长袍的牧师、流行音乐巨星和富有远见的工程师都展示出日本最真实的一面。

本书通过探索日式生活之道，带你踏上发现之旅：在坚持传统与享受现代生活的美好之间保持微妙的平衡，无所畏惧地探索未来。

我们希望，通过体验日本如万花筒般对比鲜明的各种乐趣，你能将领悟到的日本智慧稍稍用于日常生活中。这些乐趣包括欣赏樱花的美丽，参加喧闹的夏季祭典，品味茶道的精致，在卡拉OK演唱你最喜欢的歌曲，泡在温泉里欣赏无与伦比的富士山美景。你有无数理由去爱上这个迷人的国家，而有了本书，你会找到更多理由向那个太阳升起的国度出发。

欢迎来到日本

日本的国土从西伯利亚的冰冻边缘一直延伸到热带地区。这个由数千个岛屿组成的群岛国家堪称各种不同系列景观的家园，它不仅拥有超现代化的城市和燃烧的火山，还有遥远的海滩和郁郁葱葱的山谷。季节的更替变化就像这个国家跳动的心脏，使得气候、地理和景观相统一，决定了这个国家不断变化的天气、美食和1.26亿（2021年数据）国民的文化生活。发达的交通网络将这一切串联在一起，无论是骑自行车、坐飞机、乘新干线还是乘船，你都能轻松到达心向之地，开始探索之旅。如果你计划去日本旅行，想让在当地的美好记忆持续更久，或者只是单纯地想畅享纯正的日式体验，这本书会让一切变得触手可及。无论你此刻是在伦敦吃寿司，还是在旧金山赏花，都会比想象中离日本更近一步。

从地图开始

探索日本各地

日本位于亚洲大陆的东部，横跨太平洋3000千米，由数千个岛屿组成。日本通常被分为五大岛：本州岛、北海道岛、九州岛、四国岛和冲绳岛。这五大岛又划分出47个行政单位，称为都道府县，都道府县可大致分为八个不同的地区。每个地区都有自己独特的特点，多变的天气和地理特征形成了当地独特的风俗和文化。

1.26亿

人生活在日本。
日本在世界人口排名中居第11位。

都道府县

北海道地区

1 北海道

东北地区

2 青森县
3 秋田县
4 岩手县
5 山形县
6 宫城县
7 福岛县

关东地区

8 栃木县
9 茨城县
10 埼玉县
11 东京都
12 千叶县
13 神奈川县
14 群马县

中部地区

15 新潟县
16 富山县
17 石川县
18 福井县
19 长野县
20 山梨县
21 静冈县
22 爱知县
23 岐阜县

关西/近畿地区

24 兵库县
25 京都府
26 滋贺县
27 大阪府
28 奈良县
29 三重县
30 和歌山县

中国地区

31 鸟取县
32 冈山县
33 岛根县
34 广岛县
35 山口县

四国地区

36 香川县
37 德岛县
38 爱媛县
39 高知县

九州-冲绳地区

40 福冈县
41 佐贺县
42 长崎县
43 大分县
44 熊本县
45 宫崎县
46 鹿儿岛县
47 冲绳县

关西/近畿地区

指关西和近畿。该地区是日本的历史文化中心，在这里，传统生活和热闹的夜生活一样繁荣。

中国地区

中国地区包含两个部分：南部是熙熙攘攘的城市风景，北边则是相对安静的田园风光。

九州-冲绳地区

九州-冲绳地区包含了九州的活火山、绵延无边的大草原和温暖的温泉，以及偏南的冲绳地区悠闲的热带天堂。

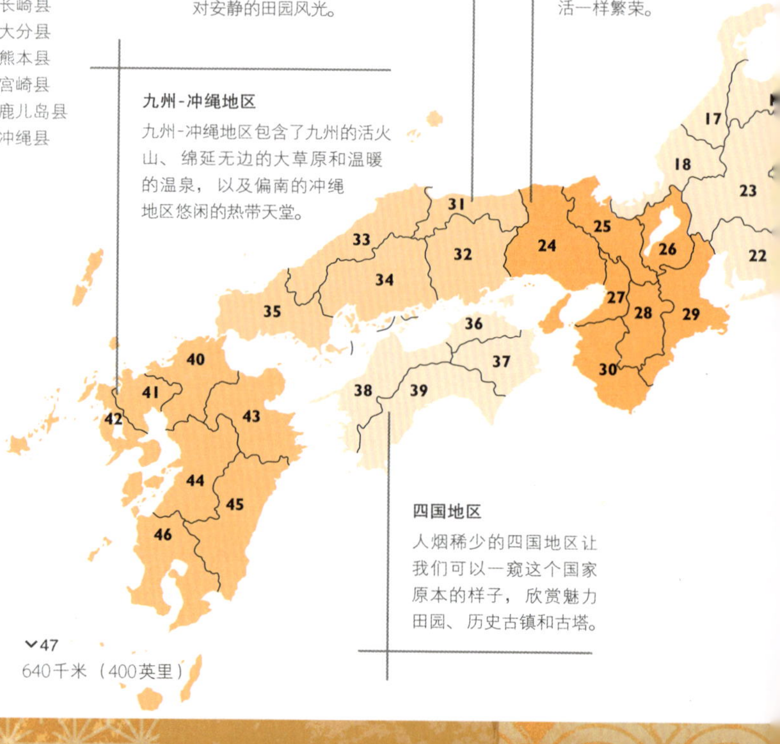

四国地区

人烟稀少的四国地区让我们可以一窥这个国家原本的样子，欣赏魅力田园、历史古镇和古塔。

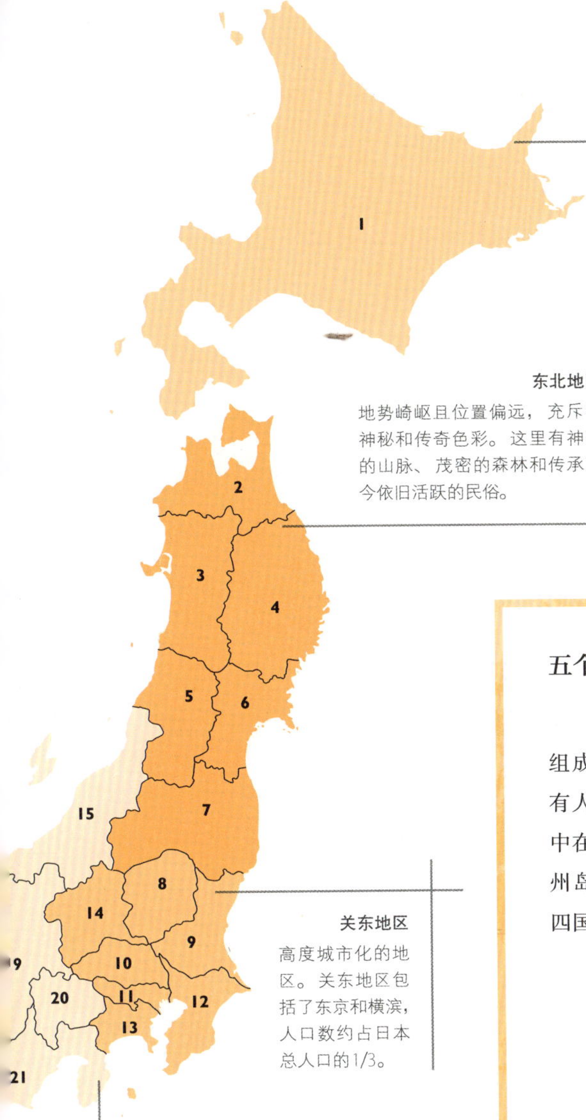

北海道地区

北海道可谓冰火两重天，其特点是有肥沃的平原、活火山和完美的滑雪条件。

东北地区

地势崎岖且位置偏远，充斥着神秘和传奇色彩。这里有神圣的山脉、茂密的森林和传承至今依旧活跃的民俗。

关东地区

高度城市化的地区。关东地区包括了东京和横滨，人口数约占日本总人口的1/3。

中部地区

多山的中部地区融合了历史古迹和现代工业，有一种古典和现代碰撞的美丽。

节气细分

日本按照传统历法分成24个节气，而这些节气又被细分成物候，比如“寒蝉鸣”。

五个主要的岛屿

日本群岛由6852个岛屿组成，其中只有430个岛屿有人居住。日本主要人口集中在五大岛上，分别是：本州岛、北海道岛、九州岛、四国岛和冲绳岛。

春

新生之季

2月3日，“鬼出去！福进来！”这个庆祝节日的口号是日本迎春的第一个信号。从2月下旬开始，公园和花园里的新芽露出头来，粉色、红色的梅花绽放枝头。3月迎来一年一度的花粉过敏季，打喷嚏和戴口罩也随之开始。

新鲜风味

3月21日，人们认为春天在春分这天正式到来。此时本州、九州和四国大多温暖晴朗，而北海道依然凉爽，冲绳则早已一片温暖。随着新季节的到来，口味浓厚的冬季食物也让位于清淡的食物：山野菜脱颖而出，超市里草莓上架，嫩竹笋为菜单增添鲜味。

一年一度的樱花季

没有什么比樱花更能代表日本的春天了。每当这时，新闻和天气软件都按时间精确追踪各地樱花盛开的信息，在樱花迅速为这个国家披上一层粉色的新衣时，日本的赏花派对也就开始了。

^樱花在京都盛开。

对大多数日本人来说，赏花只是一种享受大自然和陪伴家人、朋友的方式，但在文化层面上，这个仪式有更深层的哲学意义。观看花开的瞬间，集中体现了日本人的“物哀”之情（第72页），即面对如此美丽却短暂的事物，人们会悲喜交加。日本的任何地方都可以赏花，如果想和当地人一起赏花，你仅需要准备一块野餐布、一份便当和一些饮料。

春季节日

赏花并非春天唯一的大事。如果你在3月中旬来到日本，你将见证3月14日的白色情人节，在这一天，男性会送给女性礼物以回赠他们在情人节收到的礼物。在日本，只有女性会在2月14日送礼物。4月29日到5月6日的黄金周将会迎来一连好几天的法定节假日，这时整个日本似乎都行动起来：公共交通变得非常繁忙，旅游消费飙升。

5月的第三个周末，东京浅草区会举行一年一度清酒满载的“三社祭”。为了纪念浅草寺的创始人，当天庆典团队会抬着100个移动式“神舆”（类似轿子）穿过人潮涌动的街道，在晚春温暖的阳光下跳跃、推挤和叫喊。

回到生活中，日本财政年度和新学年都从4月1日开始，同时许多企业的人事调动，以及学校的入学仪式也都随之而来。新的水稻周期开始，温室里培育着幼苗，之后会被种植到稻田里。

夏

节日、欢乐与家庭

蚊香的气味、无休止的蝉鸣声、遮阴的太阳伞——欢迎来到日本夏季。从6月下旬开始，每次交谈都至少包含一句感叹，“真热啊！”短暂雨季的闷热潮湿标志着春夏的转换，当夏天真正到来时，这几乎是日本人最常说的话。

水星升起

在7月和8月，远离山脉的地方温度经常达到35摄氏度，像埼玉县的熊谷市这类有名的火炉城市，温度更高。当夜晚变冷时，并不会感到凉快多少，反而湿度会在天黑后上升到90%。值得庆幸的是，日本人有凉爽的夏季食品来应对，如刨冰（上面放有水果汁和炼乳）以及素面（类似挂面）和其他凉面。在屋顶啤酒花园，吃着夏季必备的烤玉米、多汁西瓜和冰镇毛豆，喝上几杯备受欢迎的夏季限定冰啤酒吧。

夏日祭典

夏天到了祭典旺季，无论天气多热多湿都不会阻止这种乐趣。祭典差异很大，但都有共同的特征：五颜六色的浴衣、卖日式炒面和刨冰的街头小贩，以及扇动着塑料扇子以求一丝惬意的行人。在8月中旬人们会庆祝盂兰盆节，据说那时祖先的灵魂会回家，家人团聚在一起，悬挂起灯笼来引导灵魂穿过黑暗。

在京都，温和惬意的7月都献给了有1000年历史的祇园祭，其重头戏是大型彩车游行。8月在四国的德岛和东京的高圆寺会举办阿波舞祭。人们高兴地等待夜幕降临，舞蹈队和音乐家们走上街头，一起度过几个狂欢的夜晚。整个夏天会在夜晚上演多场烟花秀。

战胜酷暑

为了避暑可以去一个不太热的地方。你可以去最北部的北海道这种备受欢迎的夏季度假胜地。在那里，二世古等滑雪场为徒步旅行和其他户外活动提供了一个凉爽的夏季环境（第51页）；或者去微风习习的日本阿尔卑斯山脉（第50页）；或者去探索游客较少的东北地区的农田、崎岖的海岸线和山脉。这些听起来可能不够传统，也可以去很受欢迎的温泉度假村（第208页）。那里的空气通常更凉爽，人们会在传统的小旅馆外散步，或者穿着轻便的浴衣，待在通风的榻榻米房间里。在这个火热的季节，这不仅能提神，还能给自己充电。

^冲绳热带白沙滩的夏日阳光。

秋

日本被重新粉刷成红色

当9月底气温开始下降时，你几乎可以感觉到日本所有人都松了一口气。家家户户的电风扇都被收起来，开着窗户，每个人都想再次呼吸新鲜空气。公园里有更多的孩子在玩耍。蔚蓝的天空下，这片土地上的树叶会变成红色、红褐色和黄色。

泥土的芳香

一年一度的台风高发季偶尔会带来一些不便，但是10月、11月甚至12月初的天气都非常舒适——白天温暖，夜晚凉爽，大部分时间天气干燥而晴朗。秋天的食物也同样特别。到11月底，天气开始变冷，这时便可以开始享用火锅了。非常珍贵的松茸再度上市，只需简单地烤出它的香味，或将其和米饭一起蒸成松茸饭。也可用虾、鸡肉和银杏这种时令性食物做陶壶炖菜，将小茶壶里蒸出的清汤倒在茶杯里，再挤上一点酸橘汁。

^京都清水寺的秋叶。

欣赏自然

如樱花是春天的使者那般，秋天的秋叶最有魅力。虽然秋天没有与春天赏樱这样完全对应的活动（第14页），但人们会去公园、山上欣赏当季的色彩。明治神宫外苑的银杏大道上，金灿灿的树叶是东京的一大亮点，六义园的红叶和黄叶也十分耀眼夺目。在京都，人们会排几个小时的队去赏永观堂的深红色枫树。

远离城市、人流较少的景点有富士山附近的富士五湖和北海道的大雪山国家公园。横跨东北地区岩手县和秋田县的八幡平也一片缤纷秋色，该地有众多天然温泉浴场，在这里泡着温泉欣赏秋叶最为惬意。

秋季庆典和活动

除了欣赏大自然美景，在秋天你还可以参加京都时代祭这样的大型活动。时代祭在10月下旬举行，会有2000多人参加游行，扮演日本的历史人物。10月中旬，在世界文化遗产日光东照宫中，会举行秋季大祭，有骑马射箭表演。11月中旬更为低调的“七五三节”是日本的一大亮点，3岁、5岁和7岁的孩子都穿上和服，和家人一起参拜神社，祈祷美好的未来。万圣节那天的夜晚，依然温暖的东京涩谷街头会举办每年最盛大的变装大会。不过它并不是为孩子准备的，参加者多达100万人，相当热闹。

冬

保暖并向前看

11月下旬，东京最后的秋叶飘落到地面上，冬天开始悄然来临。你会渐渐感受到这些：天空蔚蓝，空气干燥到使皮肤开裂的程度。自动售货机中的许多饮料从冷饮变成热饮。到了晚上，可以听到甘薯车朗朗的叮当声，伴随着木炭焦糖的香味，冬天即将来临。万圣节的装饰一撤下来，冬季的彩灯等装饰就开始了，给日本全国带来了节日的氛围。

热乎乎的食物

从12月到次年2月，日本多地的气温明显变低，人们开始吃热乎的时令美食以御寒，如炖菜、咖喱和关东煮等。然而，最具特色的冬季食物会在12月底出现，日本各地餐桌上装饰的华丽漆盒中放着传统的新年食物。这些盒子里精美地摆放着不同的食物，包含豆类、肉类、鱼类和其他寓意各异的美食。你会看到象征健康的黑豆和海藻（读作“kobu”，听起来很接近“幸福”，读

作“yorokobu”），还有红色和白色的鱼糕，白色代表纯洁，红色代表好运。总共会有十多种不同的食物。除夕夜的晚些时候，人们还会吃荞麦面，因为长面条意味着长寿。

圣诞节和新年

日本各地的冬季生活千差万别，从大雪纷飞的北海道到温暖宜人的冲绳各有特色，但某些元素却随处可见。圣诞节的装饰随处可见：人们扮成圣诞老人参观幼儿园，公寓大厅里的圣诞树拔地而起，肯德基出售备受欢迎的传统圣诞鸡。但一般没人会请假，圣诞节之后节日氛围也会随之消失。年底也同样低调。这是一个家人团聚的时刻，也是为新的一年做准备的时刻。新年主要是看贺岁节目和吃饭。一家人把腿放在温暖的被炉里，一边看着一年一度的红白歌会，一边吃着新年料理。

冬季庆典

能让许多人远离宴会的一件事是一年中第一次参拜神社，为来年祈祷。许多人涌向吉祥的神社，如东京的明治神宫和三重县的伊势神宫；而另一些人则前往海岸或山区，去欣赏新年的第一次日出。假期结束后，还有很多其他活动可以让人们度过严寒。其中北海道的札幌雪节最为盛大，在札幌市中心可以看到巨大的冰雕。

^福岛县白雪覆盖的乡村。

初遇

感受日常生活的节奏

第一次来到日本是一次激动人心的经历。这里的日常生活的节奏意外地很容易融入。食物、语言和礼仪引导着每次互动，这些都是探索日本的兴奋之处。

让我们带你一起感受每一次的新体验。当你乘坐公共交通工具时，要理解礼貌的重要性，认识当地人，以及感知身边那些符号背后的含义。你对文化的理解将会随着每天的新体验而变得更加深刻。

四处走走

日本拥有高效的公共交通系统，汽车拥有量约为美国的一半。因此，你会发现乘电车或长途汽车去这个国家的任何地方都快捷便利而又舒适。然而，对于三分之二的通勤者来说，乘坐电车和地铁去上班时，情况却有点不同。在东京，每天有2000万乘客利用该交通网络，导致了极其拥挤的通勤高峰。有人会选择勇敢面对，也有人会主动避免这种体验。良好的乘车礼仪让每个人度过每日的拥挤时刻，要点是不要大声交谈，把你的背包或行李放在自己的身前，为别人腾出空间。

公共交通标志通常用英语和日语书写，所以要想四处逛逛不是难事。然而，如果你想在一个偏远的小镇找到目的地可能是一个全新的挑战。并非所有的街道都有名字，一个街区内的建筑可能会按照它们被建造的顺序进行编号，

有趣但又令人困惑。若有疑问，去问警察；在京都市，警察多达90%的时间是在指路。

礼仪

日本人以克制著称，但是当走进一家商店或餐馆，听到“欢迎光临！”这样响亮的招呼声时，你会发现这里的文化并非像平时看上去的那样保守。尽管如此，为了让自己更轻松自在，还是应该知道一些不成文的规则。没有人苛求别人事事都做对，但遵守规则（这些规则都与“和谐”有关，日语写作“和”）会带来善意。

鞠躬 第一次与某人见面时，鞠躬表示尊重会显得非常有礼貌。你也可以在感谢某人或说再见时鞠躬。

鞋子 在有榻榻米的地方，尤其是去别人家里拜访时，你需要脱掉鞋子，避免从外面带进灰尘，所以最好穿一双干净的袜子。

浴室 当你走进一所房子或旅馆的浴室时，门口往往会放一双拖鞋，请把自己的鞋放在外面，换上这双。无论是在公共浴室还是温泉洗澡时（第208页），泡澡之前一定要先在潮湿的房间里坐在提供的凳子上淋浴，这是专门用来放松的环节。

筷子 不要把筷子指向他人，也不要在空中挥舞，或者用它们刺穿食物。不要把筷子插在一碗米饭里，这会让人想起葬礼仪式。

^从左到右：新宿是东京的主要交通枢纽，拥有世界上最繁忙的车站；烹饪和用餐时都会用到筷子，还有专门的公筷。

金钱 在日本，很少直接把钱从一只手传到另一只手上，所以当你给一件物品或一项服务付款时，请把钱放在专用的小托盘上。给小费并非日本文化的一部分，如果你给了服务员小费，他们一般会还给你。

购物 在商场购物使用试衣间时，店员可能会给你一个面罩。请把这个套在脸上，防止化妆品弄脏新衣服。

互动

如果你在旅行前有时间学习一些有用的日语短语，那非常好，但是如果没有，你依然能够自得地度过每一天。不一定非要用日语交流，饱含尊重的行为和良好的举止更为重要。

你可能会发现，开始一段对话很容易也很自然。你遇到的大多数日本人都会为你对他们的国家感兴趣并试图了解他们而激动不已。虽然刚开始他们可能不会说英语，但许多日本人在学校学过英语，并且喜欢与他国友人交流的机会。

不管是在观看体育赛事时还是在居酒屋这种休闲的场所，人们会经常向你出示名片，这是被他人介绍时的标准礼节。这时请用双手接住名片，如果你有自己的名片，请递给对方。尊重他们的名片非常重要，不要把它塞进口袋里，要小心翼翼地塞进钱包里。

象征主义

在日本，颜色富有多样的含义。这可以追溯到日本早期的历史，当时它们被用来表示社会等级。动物还有来自民间传说和神话中那些神秘的图案都具有象征意义。请留意这些常见的图案。

从左到右：日本神道教的鸟居被涂成暗红色；白色“纸垂”用于神道教仪式；日本佛教僧侣的长袍是朴素的黑色，或是柔和的棕色和灰色，而非中国或印度那样鲜艳的颜色。

^从左到右：日本狸的雕像拿着清酒被当作美德的象征；招财猫是在江户时代引进的。

颜色

暗红色 一种用于神社的特殊的红色，据说它可以保护人们免受灾祸的侵害，并增强灵魂的力量。

白色 代表神圣和纯洁。因此神圣的地方通常会挂上白色的闪电形“纸垂”，标志着人界和神界的分界线。

黑色 代表尊严和拘谨，用于佛教僧侣的长袍。

紫色 在古代，紫色染料很难生产，所以从传统上来说，这种颜色代表高贵。例如，在剧院里，你可以通过紫色和白色的服装辨认出天皇和神。

青色 在早期日本的语言中，蓝色和绿色没有区别。青色（日语写作“青”）这个词仍然被人们使用，这是个奇怪的历史遗留产物。它用来描述绿色交通灯和树叶。

动物

鲤鱼 能逆流而上，抵抗水流，是毅力的象征。五彩缤纷的各种鲤鱼，象征着忠诚和婚姻。

鹤 在日本民间传说中，人们认为鹤能活1000年，代表好运和长寿。同时与婚礼和新年庆祝活动密切相关。

狐狸 据说是神道教稻荷神的使者，所以经常会在神社里看到它们的雕像（第63页）。古老的民间传说中也把它们描绘成可以变成人类的狡猾骗子。有这样一种说法，人们拿起电话后说出常用的问候语“喂”（もしもし，读作moshi moshi），便可证明自己是真正的

人类，而非狐狸变成的。因为对于狐狸来说这是个困难的绕口令。

狸 亚洲浣熊的一个亚种，被视为伪装大师和狡猾的变形者。令人惊讶的是，日本狸的雕像通常肚子鼓鼓的，这代表着好运。

猫 招财猫能带来好运、幸福、财富和繁荣。这些色彩鲜艳的猫，微笑着伸出爪子，经常会在商店和餐馆门口迎接你。

日本的本质

无论是第一次旅行计划，还是为下一次旅行做准备，这里有一些你不可忽视的重点。将文化体验与美景相结合，你会更深入地了解日本生活的内在核心。

1. 穿过神社的结界，进入众神之地。你会发现一些地方平和而亲切，还有一些地方热闹而嘈杂。钟声响起，人们喋喋不休地谈论他们在神社摊位上求的神签与护身符（第60页）。

2. 春天在樱花树下野餐。这代表日本人对自然和季节变化的庆祝。从日本南部的3月到北部的5月初，你可以一路追逐着樱花盛开的脚步（第14页）。

3. 在卡拉ok包间尽情歌唱。你可以在私人隔音房里直接点食物和饮料，晚上可以继续留在这里，准备一下在最后演唱你最喜欢的歌（第158页）。

4. 沉浸在优雅的传统仪式中，体验宁静的茶道。茶道充满了禅宗的宁静和冥想，以及陶瓷和墙壁艺术中的形式美（第198页）。

5. 参观京都，这是现代日本的核心历史标志。这座城市有各类令人惊叹的建筑，其世界遗产数量高于日本其他城市。感受京都的最佳方式是入住一家传统旅馆，在榻榻米上铺被褥睡

觉，或是搭配清酒享用经典美食（第42页）。

6. 在大城市的时尚区用时尚来表达自我。 当周日的街道变成时尚购物者的T台时，我们可以从中获得灵感，或是展示最新的时尚潮流，或是演绎日本的传统风格，获得各种体验（第128页）。

7. 在禅宗庭园中找到内心的平静。 每一块岩石和小石子乍一看虽都不起眼而朴素，但不妨试着仔细观察并探寻其背后的含义。因为思考眼前的场景才是真正开启宁静的关键（第78页）。

8. 参加夏日的欢乐祭典。 尽管每个祭典都不一样，有些是为了纪念某个神社或历史事件，但每个人都热情洋溢，享受街头美食，体验有趣的娱乐项目，与朋友家人共度美好时光（第17页）。

9. 在插花课上创作栩栩如生的作品。 从花瓶的选择到树枝和花朵之间的空间，一切都是为了艺术设计，帮助我们捕捉转瞬即逝的自然之美（第75页）。

10. 经典的自动售货机无处不在。 罐装咖啡是常见的日常饮品。无须去咖啡馆，直接在自动售货机前，在炎炎夏日畅饮一杯清爽的冰咖啡，或在冬天享用一罐美味的热咖啡（第104页）。

11. 泡温泉放松。 日本地处活跃的火山地震带，若好奇温泉为何成为其重要的文化组成部分，不妨在露天温泉中寻找原因。在体验独特文化的同时，还能欣赏令人惊叹的自然景观（第208页）。

12. 品味清爽的日本获奖威士忌。 它能与任何一种肉类或海鲜完美搭配。受益于季风性气候和本地木材制成的酒桶，日本威士忌如今在世界各地都占有一席之地（第200页）。

历史

日本故事

^紫式部的《源氏物语》被认为是世界上第一部长篇小说。

日本在锁国后发展了一种与世隔绝的独特文化，在19世纪对外开放后这种文化立马吸引了全世界的目光。

平安时代

最早记载日本的历史文献是中国的《三国志·魏书·倭人传》。记载称，一位名叫卑弥呼的女王统治当时生活在海中岛屿上的人们。

随着中国、朝鲜半岛和日本之间的联系不断加深，日本出现了一个新的阶级，深深地沉迷于中国贵族文化。平安时代（794—1185年）以其首都（今天的京都）命名，是日本文明的一个转折点，因为宫廷贵族将本土元素和主题，如本土神话和对自然的赞美等，融合到了由中国传入的宫廷绘画、书法和诗歌中。

与此同时，受过良好教育的平安时代的女性创造了日本的文字之一——平假名。她们用平假名创作了划时代的文学作品，如《源氏物语》和《枕草子》，这些作品风格感性而细腻，平安宫廷的优雅便在世间永久流传。

日本历史大事记

公元前300年至公元300年
农业、金属加工和制陶的新方法从大陆经由朝鲜半岛传到了日本西南部。

239年
邪马台国（早期日本）女王卑弥呼向中国派遣特使。

794年
平安京（现日本京都）成为日本的首都。

^11世纪初
宫廷女官紫式部创作《源氏物语》。

v1180—1185年
源氏打败平氏，并建立镰仓幕府。

武士守则

1185年，平氏和源氏之争打破了宫廷的旧秩序，标志着封建武士文化取代了京都贵族文化。这场内战结束后日本建立了第一个幕府政权，真正的权力中心从京都转移到镰仓。幕府将军是武士集团的首领，遵循世袭制，代表天皇治理国家，掌握实权。就在这时，中国的另一个舶来品禅宗开始受到武士阶级的欢迎，对他们来说，武士守则即“凭直觉行事，无所畏惧地面对死亡”，这个观念的形成需要培养。

开始于1467年的应仁之乱结束了室町幕府将军的统治，一个世纪的动荡随之而来。最终，织田信长、丰臣秀吉和德川家康这三位领导者重建了中央政府的权威。权力中心转移到一个叫江户的小渔村，也就是今天的东京。

日本江户时代

新成立的德川幕府试图通过限制外国船只，只开长崎一地来维持稳定。葡萄牙人以前很受欢迎，但在耶稣会试图让日本人皈依天主教后遭到驱逐。只有帮助镇压日本基督教团体的荷兰人被允许继续交易。

在此后的200余年里，日本几乎与西方隔绝。在和平的环境下，日本繁荣发展。1700年，江户成为当时世界上最大的城市，拥有100多万居民。在新兴的富裕城市中，富有的商人创造了独特的町人文化，其特点是五花八门的小说、热闹的戏剧。一心追求享受的当下被称为“浮世”。这段锁国历史对于鲜明的日本文化的形成具有重要作用，而这种文化至今仍是日本经久不衰的魅力之一。

⌄武士盔甲的头盔上装饰着羽冠，如下图的山茶花样式。

1274年
蒙古船队因台风不得不撤退。

1467年
应仁之乱拉开帷幕，开启了日本战国时代。京都大部分地区在战争中被大火烧毁。

^1603年
德川家康在关原之战中获胜，并在江户（现东京）建立德川幕府。

1641年
所有的外国贸易都被限定在长崎湾的一个岛上，只有荷兰人和中国人可以进入。

1689年
著名俳句诗人松尾芭蕉启程前往北方。

⌄1831年
葛饰北斋的《富岳三十六景》出版。

^9月1日11点58分44秒，日本举国默哀，纪念关东大地震的丧生者。

明治时代

1853年，美国海军准将佩里进入江户湾，要求日本开国。统治阶级内部出现分化，封建势力相对薄弱，统治基础出现动摇，幕府将军别无选择，只能同意此要求。在随后的日本内战中，改革者利用西方的军事策略和技术，迫使幕府做出根本性让步，幕府统治全面崩溃。

1868年，皇权得到恢复，明治天皇迁去新首都东京。明治政府很快接受了西方的先进技术，并着手实现国家现代化。从铁路、银行到香烟、礼帽，西方文明的标志似乎一夜之间在日本各地流行起来。

20世纪早期

在经历了巨大变革后，明治天皇于1912年去世。随后的大正时代见证了政党政治的繁荣，公民选举权扩大，新的劳动法案颁布。在新的经济、社会和政治的自由氛围下，日本年轻男女狂欢起来，充满活力的新文化不断发展壮大。

日本似乎走上了自由化的道路。但1923年的关东大地震造成了毁灭性的灾难。10万多人丧生，东京大部分地区被摧毁。大正时代虽然时间很短，但却是一个充满特色又复杂的时代。在大正时代，各种文化蓬勃发展，形成了被后世称为“大正浪漫”的潮流。但同样，这是一个充满灾难、恐慌与动荡的时代。

^1853年
马修·佩里准将率舰队驶入江户湾，此后，日本开始学习西方社会。

1856年
日本浮世绘第一次出现在法国巴黎的一个包装箱里，欧洲人开始狂热地追求“日本风格”。

1868年
幕府时代结束后，皇权得到恢复，江户改名为东京。

^1905年
日本在日俄战争中获胜。

v1923年
关东大地震近乎摧毁了东京和横滨，60万人无家可归。

20世纪30年代中期，日本开始了侵略战争，这使其与世界其他国家变得疏远。1941年12月，日本突袭美国和大英帝国，第二次世界大战扩升至最大规模。1945年8月，亚洲数百万人死亡，日本大部分城市成为废墟，美国在广岛、长崎投下原子弹，裕仁天皇指示政府投降。

战后岁月

日本投降后，开始进行社会改革。新时代的人们更加注重民主和个人自由，而这在崇尚自由的大正时代都是无法想象的。

1952年以后，经过多年的积累与酝酿，一股创造性的潜能得以释放，日本在艺术、电影、文学和建筑领域都开启了积极创新的时代。随后，日本工业生产得以迅速发展，很快汽车和技术出口使日本成为世界上极为富裕的国家之一。日本持续繁荣，直到1992年经济泡沫破裂，二十多年的经济停滞随之而来。

21世纪的日本

尽管日本经历了后泡沫时代的经济衰退，但其仍是世界舞台上的一个工业和文化大国。日本人在战胜各种挫折时展现出了巨大的韧性。在2011年东北大地震后他们坚持不懈地开始重建，并继续在运输、空间探索、技术、设计和媒体领域展现出远见卓识。

新天皇继位，全日本决心利用奥运会这个机会，再次站到世界的聚光灯下。

⌄全世界都为因故延迟的奥运会的再次启动而期待不已。

^1941—1945年

日本偷袭珍珠港，美国加入第二次世界大战。美国向广岛投放原子弹，战争接近尾声。

⌄1964年

东京成为第一个举办奥运会的亚洲国家。

1992年

日本经济泡沫破裂，战后数十年的经济增长出现停滞。

2011年

东北大地震和海啸袭击了本州北部，导致福岛发生重大的核泄漏事故。

^2019年

明仁天皇退位，平成时代结束。皇太子德仁继位，新的令和时代开始。

‹圣保罗自1979年起开始庆祝七夕节。

世界中的日本

无论你在哪里，都会更加理解日本

日本文化对外影响深远，大到好莱坞电影小到每日的午餐。如今，日本文化在生活中随处可见，这得益于一系列展示创造性遗产的国际景点和节日。下面将为你重点进行介绍。

节日乐趣

英国 每年7月，日本文化节会在伦敦奥林匹亚中心举行。这是一场关于美食、时尚、现场音乐、游戏、动漫和另类艺术方面的前沿文化盛宴。

美国 19世纪，日本人把盂兰盆节带到了夏威夷。纪念逝去先祖灵魂的盂兰盆节现在成为一个夏季活动，充满了日式风情。日落后这里有街头小吃、现场音乐、舞蹈表演和灯笼。

德国 5月或6月举办一年一度的杜塞尔多夫日本节，从角色扮演到折纸，涵盖日本文化的方方面面，深受大众欢迎。

巴西 圣保罗的利贝尔达德居民区是世界上最大的日本侨民社区。每年7月，这里的街道便会挤满庆祝七夕节的人们，他们会在树上悬挂祈祷文。

美丽的樱花

美国 北加州樱花节期间，可在旧金山的日本城享受节日的乐趣，或者前往华盛顿州参加华盛顿樱花节，欣赏日本捐赠的数千株樱花。

加拿大 在欢乐的温哥华樱花节上，可尽情欣赏40000株樱花树展现的粉色和白色花海。日本在20世纪30年代捐赠了这些樱花树。

荷兰 与家人和朋友前往阿姆斯特丹的樱花园，在淡粉色的樱花树下野餐，庆祝阿姆斯特丹樱花节。

日本味道

英国 如果想体验日式居酒屋，可以去伦敦的浅草家（Asakusa）日料店。也可以在“Ichiba”（日语中市场的意思）——欧洲最大的日本食材市场选购食材，在家制作你最喜欢的菜肴。在Kouzu日料店搭配日本威士忌，尽情享用美食。

美国 旧金山有美国最古老的日本社区，这里有美国最好的日本食物也

就不足为奇了。这里的餐馆十分正宗，人们甚至会展示真正的“样品”，即日本餐馆常见的菜品蜡像模型。

德国 杜塞尔多夫是欧洲最大的日本社区，被称为“莱茵河畔的小东京”。这个城市有众多优质的拉面店和酒吧，但若想有更不寻常的体验，可以去日本城中心的Soba An。这家店看起来虽不起眼，但是它的自制荞麦面，对每一个想家的外国人来说都是一种安慰，这也是这个城市的秘密之一。

荷兰 在日本锁国的200余年里，荷兰是唯一一个可以进入日本的西方国家。这些历史渊源体现在阿姆斯特丹随处可见的菜肴中，如什锦烧、寿司、烤鸡肉串和拉面。要想品尝米其林星级美食，可以去阿姆斯特丹大仓酒店的Sazanka铁板烧餐厅或山里（Yamazato）餐厅。

宁静花园

英国 远离伦敦的喧嚣，去参观伦敦大学亚非学院的日式屋顶花园，或者去邱园参观保存完好的日本景观吧。另外，苏格兰的考登日本花园被称为“西方最重要的日本花园”，这是第一个也是唯一一个由女性设计的大规模日式花园。

美国 旧金山金门公园的日本茶园建于1894年，包括一个茶馆和一个枯山水庭园，一年一度的夏日祭会举办茶道和其他活动。宁静的波特兰日本花园因其文化真实性而深受欢迎。但美国更为神秘和隐蔽的地方是京都花园，它位于洛杉矶小东京的逸林酒店顶楼。整个花园的设计原型来源于16世纪加藤清正建造的庭园，并进行了精心的再创造。花园的特色是修剪整齐的绿植、日式跌水瀑布和宁静的池塘。

法国 美丽的莫莱夫里耶东方公园是欧洲极具代表性的盆景收藏地之一，这里有迷人的日本传统茶室、蜿蜒的溪流、一座桥、一座宝塔和一家花店。若你想开始盆景收藏之旅，这里是一个完美的选择。另外，迷人的市川（Ichikawa）日式庭园在巴黎市中心提供了一个意想不到的静修地。

摩纳哥 1994年由亚索·倍布（Yasuo Beppu）设计的摩纳哥日本公园是神道哲学的文化缩影。漫步在花园中，你会发现一片郁郁葱葱的绿洲，这是日本传统与地中海风情的非凡搭配。

澳大利亚 新南威尔士州的考兰日式花园是一座回游式庭园。它的建立是为了纪念埋葬在该地区的战争死难者。庭园建造之际，日本政府给予了支持，以示对死难者受到尊重的感谢。这里每年都会举办樱花节，还有女生节和男生节，你还可以参加茶道活动和参观日本工艺品工作坊。

宝石般的日式庭园是一片宁静的绿洲。

传统茶文化

英国 如果想了解最前沿的茶文化，可以去伦敦梅菲尔区的专家级日本茶店铺“明信片茶店”，这里被誉为欧洲最好的茶店。他们鼓励顾客在购买前品尝茶叶，并提供精美的日式传统陶瓷样品（也可出售）。如果想更深入地理解日本茶，你可以加入一个茶道俱乐部，比如位于哈克尼的伦敦茶道俱乐部，这里定期举办茶会。

法国 隐藏在巴黎的中心，在佛庙花园（这里的日本艺术品收藏丰富）旁边，你会发现一个可爱的小型日式庭园以及一个茶馆。这座宝石般的日式庭园是一片宁静的绿洲，有着繁茂的竹林、涓涓的溪流和迷人的踏脚石。这座由日本木匠大师建造的宫殿会定期举行茶道活动。

激发灵感的艺术品

英国 在大英博物馆、英国维多利亚与艾尔伯特博物馆（Victoria and Albert Museum，简称V&A）和伦敦菲茨罗维亚时尚的白彩虹画廊之间，有一个令人印象深刻的日本艺术综合展区。仅在大英博物馆，你就能找到大

^旧金山的茶园是美国最古老的公共日式花园。

^藤本壮介的“未来之未来”：伦敦日本屋举办的众多日本艺术设计展览之一。

约430件日本艺术品和古董。

美国 在美国，波士顿美术博物馆可谓收藏着最好的日本艺术品。早期的佛教绘画和雕塑甚至是一些日本博物馆羡慕的对象。馆内收藏着无与伦比的浮世绘、剑和能乐面具。

希腊 科孚岛亚洲艺术博物馆收藏着世界上独一无二的日本艺术品。这个一流的展馆归功于希腊驻奥地利大使格里高利奥斯·马诺斯（Gregorios Manos）。他在19世纪末20世纪初的维也纳和巴黎艺术拍卖会上购买了约9500件中国、朝鲜和日本艺术品。

在这乡野中体验日式温泉。

先锋设计

英国 伦敦日本屋是一个别致而优雅的文化中心，精心布置的展厅突出了日本工艺和设计的精致感，并展示出该国的美食和技术。它是全球三大日本文化宣传据点之一（另外两家分别位于巴西圣保罗和美国洛杉矶）。

美国 在纽约市的Nalata Nalata日式家居买手店，你不仅能看到一系列设计精美的日式物品，还能挖掘它们背后的故事。这一概念由夫妻团队史蒂文森·昂（Stevenson Aung）和安格利科·赫米尔乌斯基（Angélique Chmielewski）提出，他们在自己的网站上撰写的文章笔法纯熟，插图精美。

马来西亚 吉隆坡的伊势丹商场共有6层，大气而奢华。里面前卫的“立方体”空间有12个体验区，你可以

在那里深入探寻日本文化，书店里还有大约10000本书。

包容的娱乐文化

英国 皇家霍洛威学院坐落于伦敦艾格镇，其专用的汉达诺舞台上演出了无数次能乐（一种日本戏剧形式）表演。在那里，著名的能乐表演者梅若犹彦大师开办工作室亲身示范，深入浅出地帮助西方学生理解这门艺术。

美国 在密苏里州，你可以在哥伦比亚文乐剧院观看日本传统木偶剧——文乐。佛罗里达的森上博物馆会举行各种各样的传统娱乐活动，博物馆全年都有完整的日程表，包括课程、工作室和展览等。你还可以预约一天的古筝课程，由演奏家吉子·卡尔顿（Yoshiko Carlton）亲自教授。

以色列 Harucon漫画大会将日本御宅文化传播到了这里。大会在普林节期间举行。在大会期间，可以和漫画专业人士交流讨论、参与顶级漫画和电子游戏公司的电影预览会和作品评论会，以及历年的角色扮演大赛。

⌄在智利的几何灯天然温泉池体验日式温泉。

放松的温泉

美国 旧金山温泉受日本公共澡堂（日语写作“钱汤”）的影响，成为这个城市中享受放松时刻的最佳温泉胜地。与此同时，在美丽森林的环绕下，在天然泉水的滋养下，东海岸弗吉尼亚的彭布罗克温泉（Pembroke Springs），有两个大型日式澡堂可供放松休息。

澳大利亚 静香旅馆距离墨尔本的赫本温泉仅75分钟的路程，来一场地道的日式体验吧。这个安静简约的空间以传统的榻榻米、浴衣和屏风为特色，还有一个可供冥想的禅宗岩石庭园。

智利 几何灯温泉（Termas Geometricas）坐落在郁郁葱葱的智利森林峡谷中，是一座令人惊叹的迷宫。它由红色木板搭建而成，天然的温泉小溪蜿蜒着流经翠绿的森林。不妨在这乡野中体验一下日式温泉。

神圣的空间

美国 塔撒加拉（Tassajara）是一座曹洞宗的禅修中心，1967年建于加利福尼亚的大苏尔海岸。秋季和冬季都有课程，你也可以在夏天旅游季去参观，品尝素食。

法国 位于瓦莱尔的根德隆尼埃禅寺（La Gendronnière）是法国最古老的禅宗寺庙。在古树环绕的宁静空间，可以和其他弟子一起潜修曹洞宗。

中国 若要探索中国的禅宗根源，可以前往巍峨的嵩山。它赫然耸立在河南省，是少林寺的所在地，而少林寺是中国最重要的佛教寺院。

日本速览

通过旅游手册中寺庙、城郭和霓虹闪烁的市中心的经典图片，你会更加了解日本。从冲绳的亚热带岛屿，到北海道的皑皑白雪与起伏的农田，日本风景美如画。日本多山，这为日本人提供了朝圣和游玩的胜地：徒步旅行好去处、温泉以及滑雪场。日本这个岛国上，各类海岛星罗棋布，如隐岐岛、佐渡岛，岩石密布且多风，也有一些岛屿阳光普照、气候宜人。不同的气候造就了独特的地域文化，这意味着日本的各个城市并非一个模子刻出来的。在现代化的社会中，我们可以在京都瞥见日本的历史传统。一些其他核心城市也不同于东京，它们自豪地传承着当地的传统。

从地图开始

探索日本美景

在你的旅程中探索日本的多样性吧，去体验东京大都市的喧嚣、松山市的慢生活和冲绳岛的传统民俗。在日本阿尔卑斯山脉，沿着几个世纪的朝圣者走过的小路徒步旅行，在伊豆群岛潜水，探寻岩手县远野市山谷中的乡村民俗。从北海道的浮冰到西表岛的红树林，我们有无数种方式游览日本。

^宁静的城市

在松山（第44页）这样的地方体验更为放松的城市生活，在那里，当地传统随处可见，现代生活节奏缓慢。

^海岛天堂

冲绳美丽的八重山群岛（第55页）上有郁郁葱葱的丛林，原始的海滩，沉睡的村庄和顶级潜水点。

天然港湾

日本的34个国家公园中，最偏远的是小笠原国家公园，位于东京以南约1000千米。

不可动摇的精神

广岛（第44页）在1945年毁灭性的原子弹爆炸后重生，如今已成为一座繁华的都市。

节日乐趣

富有生机的札幌市是日本较为年轻的城市之一，因其美式电网系统（第43页）而闻名。9月有秋季美食节，2月有一年一度的雪节。

札幌市

二世谷町

^雪城

滑板爱好者和滑雪者都涌向二世谷町（第51页），因为那里有漫长的严冬、众多的斜坡和优质的滑雪场。

徒步天堂

富士山可能更有名，但最好的徒步旅行体验和最引人注目的山景在日本阿尔卑斯山脉（第50页）。

远野市

^乡村田园

民间传说在远野市流传，那里传统的乡村生活特色显著，人们生活节奏依然与大自然同步，并遵守着古老传统（第49页）。可以多观察一下镇上与众不同的L形房屋。

日本阿尔卑斯山脉

东京

ˇ魅力都市

东京市中心有900多万人口，是世界有名的繁忙、拥挤、发达的必游城市之一。

近距离

日本最大的城市也并不宽敞。东京市中心的人口密度约为每平方千米15000人。

^从左沿顺时针方向：涩谷十字路口是东京著名的景点之一；横滨历史悠久，曾是航运和贸易中心；大阪城位于城市的中心。

京都

虽然京都的总人口数仅排在日本第九位，但是在文化旅游方面，京都与东京齐名。这座城市提供了许多日式传统体验：你可以参加茶道放松身心，尝试禅坐，入住传统旅馆，欣赏艺伎表演。

城市景观

充满活力的大都市

日本多样化的城市兼容并包地融合了传统和现代，同时也塑造了自己独特的地方特色。

五大巨头

在日本人口最多的城市旅行，你将完全沉浸于日本的生活中，它们向你完美地展现日本文化。

东京都

自1868年以来，东京一直是日本人口最稠密的城市，900多万人居住在23个核心区（议会区）。在新宿和涩谷等繁华的中心区，你将看到令人期待的霓虹灯、高楼和人潮，在古典园林、古代寺庙、安静的河岸和传统的居民区，如柴又、谷中和根津等地，你也可以看到东京生活的另一面。

横滨市

作为东京的周边城市，横滨从很多方面来说就像是东京的延伸——但是生活在那里的350万人肯定不同意这种说法。这座城市有一个充满活力的唐人街；还有一个活跃的海湾地区，将现代娱乐设施与西式建筑结合在一起，这些建筑可追溯到19世纪中期的锁国后期。

名古屋市

名古屋位于横滨以西仅300多千米处，许多旅行者也许会忽略这里。

这座城市拥有220万居民，是丰田汽车的诞生地，丰田也成为当地的经济主力。然而，比起商业头脑，名古屋人对他们的食物更为自豪：味噌汤、“手羽先”（辣味油炸鸡翅）和“味噌猪排”（裹着面包屑的猪排涂上味噌酱），这些只是当地美味小吃的冰山一角。

大阪市

从名古屋继续向西出发，大阪市270万居民不同于其他日本人，他们更直接和外向，这个城市亦是如此。市中心热闹喧嚣，比东京还多的霓虹灯让人眼花缭乱。

札幌市

札幌是日本北部北海道的首府，在五大城市中最具特色。这座相对较新的城市由日本人在19世纪下半叶建立，特殊的网格系统使其成为一个非常舒适且整洁的城市。札幌的雪也是一大特色。每年冬天，札幌有高达6米的降水量，气温可低至零下15摄氏度。

大城市之外

除了东京和大阪等大都市，一些人口不多的小城市将会带来独特而地道的体验，那里地方特色鲜明、历史气息浓郁。

函馆市

北海道南端函馆市的元町和港口地带是旧红砖仓库、教堂和其他西方建筑的所在地，这些建筑显示出19世纪晚期欧洲人对北海道早期发展的影响。另外，这个城市的渔船上满载着日本最优质的螃蟹、海胆和其他海鲜，你可以在早市上购买新鲜食材。不要错过最著名的函馆夜景——从海拔334米的函馆山山顶观景台上俯瞰函馆。

金泽市

金泽市紧邻本州岛的日本海，有“小京都”之称。这座城市以其美味的海鲜闻名，直达列车可直通东京、大阪和京都，不过游客并不多。江户时代，这座城市在前田家族的统治下开始崛起，并成为加贺地区的中心。金泽市同京都一样，历史遗迹众多，如保存完好的艺伎区——东茶屋街、长町的武士宅邸和宁静的兼六园等，不一而足。

广岛市

广岛市在本州岛的最西边，是日本的著名城市之一。1945年8月6日，历史的悲剧曾在这里上演。如今和平纪念碑矗立在广岛市中心，但这些并没有给这座城市蒙上阴影。这座城市的夜生活本身就丰富多彩，且离宫岛很近。宫岛有严岛神社及其雄伟的海上鸟居。

松山市

松山位于日本四个主要岛屿中最小的四国，堪称一座融合古今的典型城

⌄从左到右：函馆具有悠久历史的仓库如今已经变成了商店；漫步在金泽的街道就仿佛回到了过去。

都市风潮

90%以上的日本流行风潮都发源于都市。

^从左按顺时针方向：和平纪念碑旁边坐落着广岛的现代建筑；松山的道后温泉会馆是日本的标志；那霸正在热闹地过节。

市。它是四国最大且最国际化的城市，山顶的城堡直穿天际，街道上有一些破旧摇晃的电车。松山的道后温泉区有日本有名的浴场之一——传统的道后温泉会馆，它是日本著名小说家夏目漱石《少爷》一书的一个重要地点，也是吉卜力工作室奥斯卡获奖动画电影《千与千寻》中澡堂的灵感来源。

那霸

冲绳县的那霸市和其他日本城市大不相同。这里一年四季或温暖或炎热，棕榈树多、高楼较少，同时也受到美国和琉球文化的影响。包括冲绳在内的琉球以前是一个独立王国，在19世纪70年代归入日本。除了主要的娱乐场所，那霸有一种悠闲的岛屿氛围，它是探索迷人的冲绳群岛的绝佳切入点（第55页）。

> 那霸与其他日本城市大不相同，
> 有着悠闲的岛屿氛围。

专栏

19000

据日本井盖协会的估计，这个数字是日本正在使用的风格迥异的井盖数量。

搜寻井盖

井盖爱好者在日本各地旅行，然后在社交媒体上发布他们的最爱。

井盖

你脚下的艺术

日本人有将世俗提升为美的天赋，简陋的井盖就是最好的例子。最初是为了让纳税人更愿意为昂贵的排水工程买单。现今井盖已成为日本各地的骄傲，展示了当地的景点、野生动物、节日、历史事件，甚至民间传说。

松本市（长野县）以井盖纪念当地手鞠球的工艺。手鞠球即用错综复杂的丝线编织成的手工球，用作礼物和装饰品。而群马县的草津町则描绘了穿着传统服装的女人用长木板搅动温泉水，进而将温泉水冷却到可以洗澡的温度。这个方法已有几个世纪的历史。人们画上工作中的消防员以表达对日本消防部门的尊敬，你可以在全日本看到一系列色彩缤纷的相关设计。

现在这些井盖已成为一种社交媒体现象。你可以用“Manhoo！”这样的手机应用来追踪它们，其中列出了全日本3000多个不同设计的井盖的位置。2019年2月，东京甚至举办了井盖节，包括与井盖相关的小吃、钢笔、胸章和卡片的各类摊位。这是井盖爱好者梦寐以求的一切。

手工制作

井盖在当地铸造厂铸造，人们亲手将彩色树脂倒入模具中。

‹受不同地区、公用设施和井盖制造商的影响，彩色井盖也不一样。

日本乡村

慢生活

参观日本的乡村，你很快就会发现一切事物和工作节奏都很缓慢：晾干的橙色柿子串挂在屋外，梨子的香味扑鼻而来，一片片湿润的稻田排列在各栋房屋间。夜晚时分黑暗笼罩，繁星闪烁洒满天空。这里的生活节奏比日本城市慢得多，季节变化和农作物耕种决定了这里的一切。

这里的生活取决于季节变化和农作物耕种。

令人惊叹的景色

日本多山，只有约12%的土地是农田。与其他主要经济体相比，这个数字微不足道。由于农业用地相对较少，日本粮食自给率低于50%。穿过北海道，你会看到绵延起伏的土地，不过不同的农村因地制宜，采取了不同的农田形式：比如静冈县和京都市是主要茶叶产区，那里的绿茶灌木在山坡上成行排列。没有车很难到达，但这样的美景值得驱车前往。

‹从左到右：白川乡以其独特的茅草屋而闻名；秋天，柿子在农村很常见。

融入这里

除了当游客，你还可以用其他方式去农场度假，真正深入感受日本。一个名为“有机农场全球机会”（简称WWOOF）的机构有日本各地的数百名农场主人加入，他们可以给旅行者提供短期和中期的工作体验。

岐阜县的白川乡坐落在神圣的白山脚下，这里可以说是在日本欣赏田园风光的最佳选择。这里有屋顶陡峭的茅草屋，被称为“合掌造”，夏天绿色稻田环绕在其周围，冬天皑皑白雪覆盖其上。这个日语名称来源于人们祈祷时双手闭合的样子。

⌄茶园遵循日本的丘陵地形。

冷门旅游路线

冷门的目的地有岩手县的远野市山谷，在那里时间几乎停下了脚步。稻田和零星的旱地点缀着山谷，当地的民间传说更增添了一丝神秘。据说河童住在附近的河流里，喜欢吃黄瓜、对溺水者十分喜爱。德岛县的祖谷溪谷同样田园风光无限，河谷山坡上树木繁茂，有茅草房、藤桥和神奇的天然温泉。

山脉

朝圣与游玩

日本国土70%以上都是山地，这使得山峰在日本文化、精神和生活中占有特殊位置。在山坡上花些时间，你不仅能看到这个国家最壮观的风景，还能接触日本的新旧传统。

三大神山

由于神奇的自然力量（这使它们与神有着密切的联系），日本三座山峰在传统上被认为是最神圣的。这三座火山统称为“三灵山”，包括富士山，位于东京以西的休眠火山（第52页）。排名第二的是海拔2700米的白山，它位于石川、岐阜和福井三县的交界处，因其底部的融水湖而备受尊崇，如今作为冬季运动的目的地更受珍视。最后是富山县海拔3015米的立山，分布着天然温泉和硫黄喷口，据说这里是逝者灵魂的聚集地。几个世纪以来，朝圣者攀登高峰，寻求心灵启迪，开创了日本登山的传统，且这一传统一直延续到今天。

日本阿尔卑斯山脉

朝圣者和僧侣最先开辟了许多日本顶级徒步旅行路线，没有比日本阿

⌄日本阿尔卑斯山脉因为与欧洲阿尔卑斯山相似而得名。

登山先驱

日本的登山传统是世界上古老的传统之一，可以追溯至9世纪。

^从左到右：日本阿尔卑斯山脉上的野生动物——岩雷鸟；二世谷町是日本冬季运动的主要场地之一。

尔卑斯山脉更受欢迎的了，其主要分成三大山脉。北部的飞驒山脉绵延100多千米，穿过岐阜、长野和富山县，其中海拔2999米的剑岳被认为是日本最危险的山峰。

长野县和岐阜县的木曾山脉位于中部，山谷中有日本保存最完整的传统村庄，是以前中山道上的驿站，如妻笼宿。南部是赤石山脉，位于长野、山梨和静冈县的交界处。这里有日本100座最高山峰中的10座，有日本羚羊和鹿，以及岩雷鸟和星鸦等鸟类。

冲向雪坡

20世纪初奥地利陆军少校西奥多·冯·勒奇（Theodor von Lerch）将滑雪引入日本，留着小胡子的勒奇成了新潟县当地的吉祥物之一。今天，新潟仍有汤泽町苗场这样的滑雪、滑板好去处，和1998年主办冬季奥运会的长野白马村一样。但这些地方如今被北海道的二世谷取代。北海道因其粉雪和位置偏远，已成为亚洲冬季顶级运动场地之一。

100座名山

20世纪60年代，作家兼登山家的深田久弥出版了一本名为《日本100座名山》（*100 Famous Japanese Mountains*）的书，每一座山峰都雄美独特、历史悠久。这本书精选日本各地的山脉，已经成为日本徒步旅行者的“游览圣经”，人人都想登上这100座山峰。

富士山

日本标志性山峰

作为日本最高、最神圣的山峰，海拔3776米的富士山以近乎对称的形式俯视着周边风景。它是日本的经典象征，也是艺术家、诗人灵感的源泉。浮世绘画家葛饰北斋在《富岳三十六景》系列作品中描绘了这座山峰，其中包括历史上被临摹最多的作品《神奈川冲浪里》。

据说第一个攀登富士山的人是7世纪时的一位僧侣。因富士山巨大的体积、火山的力量、神灵居处的传说以及独特气候和地形（第216页）所带来的苦行僧般的挑战，它一直被尊为日本三大神山之一（第50页）。

^冲绳群岛由160个小岛组成。

不同的岛屿

从狂风到亚热带

日本共有近7000个岛屿，大小各异，分有人岛和无人岛。日本无疑是一个岛国。日本大陆实际由五大岛组成——本州、北海道、九州、四国和冲绳，这些大岛的周围有一些小岛群，如隐岐群岛、伊豆群岛、小笠原群岛和八重山群岛。去这些遥远的地方旅行，你会收获更广泛、更深入的体验。

流放之岛

新潟县海岸边的佐渡岛和岛根县的隐岐群岛，北朝日本海，岛上崎岖不平，常年日晒风吹，曾经是流放地。13世纪70年代，僧人日莲被流放到佐渡岛，1239年，后鸟羽天皇在流放地隐岐岛去世。这些美妙的观光地点客流量少，以渔业和农业为主。8月，佐渡会举办一年一度的地球庆典音乐节；隐岐群岛则能让人在令人惊叹的大自然中享受悠闲的岛屿生活，这里有岩石海岸、美丽的海滩和供牛马吃草的高地。

东京周边游

最方便观光的海岛是伊豆群岛，它位于东京南部海岸，在行政划分上是东京的一部分。其中最大的大岛（岛

<佐渡岛曾是政治流亡者的家园。

名）以三原山火山为中心，从东京湾乘喷气式飞机只需1小时45分钟，早春山茶花盛开时尤为漂亮。在同一个路线中，新岛是冲浪者的绝佳选择，还可以乘坐通宵渡轮到三宅岛，体验绝佳的徒步旅行路线、潜水项目和温泉浴场。

^在小笠原群岛附近发现的野生动物——宽吻海豚。

亲吻阳光的静修

位于东京以南1000千米的小笠原群岛，严格来说仍属东京地区，非常适合24小时的轮渡之旅。2011年，凭借其自然美和多样性被列为世界遗产，其中包括珊瑚礁、本土野生动物和珍稀动植物。冲绳岛也同样令人惊叹，亚热带气候的八重山群岛以其不可思议的生态多样性尤为受欢迎。八重山群岛的亮点包括竹富岛上保存完好的村落、常见的水牛车，西表岛上茂密的丛林和红树林，石垣岛上原始的海滩和潜水点。

主题岛屿

主题餐厅不算什么，日本还专门为游客打造主题岛屿。日本四国和本州之间的直岛（位于香川县）和其他一些小岛凭借当代艺术而闻名，广岛县的大久野岛到处都是友好的野生兔子，爱媛县的青岛是日本十几个“猫之岛”中最著名的一个。

永恒的日本

对细节一丝不苟的关注，对生活的不完美和无常的欣赏（即所谓的“侘寂”），以及对自然的热爱都体现在日本非凡的工艺和文化传统中。日本本土宗教神道教本质上是对自然的崇拜，例如，人们渴望创造美丽的庭园和盆景。从寺庙建筑到雕塑、漆器各个方面，可以说6世纪佛教的传入对日本美学和艺术的发展起到了重要作用。佛教哲学影响了严谨的茶道，也深刻地影响了插花、书法、陶瓷和园林艺术。几个世纪以来，日本工匠们改进工艺、完善技术，并将这些知识代代相传。日本认为艺术家对于文化遗产的传承发展至关重要，推崇这些佼佼者为“活的国宝”。

从地图开始

探索永恒的日本

日本的文化遗产与日常生活密不可分，无论你走到哪里，都不难体验一番。寺庙和神社是每个地区的心脏和灵魂，而园林则是日本艺术表现的一个重要组成部分。你会在日本各地看到装饰性艺术，从出售当地工艺品的画廊到世界闻名的东京国家收藏馆等，不一而足。

^艺术庭园

艺术和园艺的完美结合莫过于安来市的足立博物馆，那里巧妙设置的窗户像艺术品一样构成了风景。

保持谦卑

传统茶室的入口很小，客人要绕道或弯腰通过，以示谦卑。

折纸悼念

广岛和平纪念公园中数千只千纸鹤装点儿童和平纪念碑（第90页）。

^武士宅邸

隐藏在知览武士区石墙后面的是七个保存完好的传统住宅（第76页）。参观它们迷人的庭园时，可以近距离欣赏。

幸运盆景

鬼无町种植盆景已经有几个世纪的历史了，这里拥有全日本最多的苗圃（第80页）。

神社

伏见稻荷大社于711年在京都建立，是日本大约30000个稻荷神社中规格最高的神社。可以在神社庭园里寻找石狐，它们是众神的使者（第60页）。

平泉町

佛教乌托邦

平泉町的中尊寺金色堂和净土式庭园是12世纪建筑群的一部分，旨在创造一个佛教人间天堂（第65页）。

神圣使者

奈良公园里自由漫步的鹿被看作是神道教众神的使者。

埼玉市

栩栩如生的盆景

埼玉市大宫盆景美术馆展示了数百个树桩盆景。

东京

名古屋市

京都

浮世绘大师

葛饰北斋是日本著名的艺术家之一，据传其创作了约30000件作品。你可以在东京的墨田北斋美术馆（第84页）细品其佳作。

神道宝物

名古屋热田神宫藏有三大神器之一的草薙剑。

同一屋檐下

东京国立博物馆收藏了世界上最多的日本艺术品和装饰工艺品。

神道教

众神之道

^宫岛的严岛神社鸟居是“日本三景”之一。

日本最古老的宗教——神道教，即“众神之道”，认为自然的各个方面都被赋予神性。神道教没有创始人或神圣的教义。它的哲学主要关于现实生活中的万物和谐与人们之间的互相合作。

神道教的核心概念是神掌管自然界的万物，无论它们是活着还是死亡，或是无生命的。大大小小的神存在于一切事物中，从岩石、树木到风浪，甚至是疾病等现象。神灵居住在神圣的神社，人们在那里祭拜他们。每一个神社都供奉着一个特定的神，如稻荷神社。京都伏见稻荷大社供奉着昌盛繁荣之神（以大米为象征）和安全之神，其中神灵使者石狐尤其显眼。其他受欢迎的神灵包括射箭和战争之神——八幡神，其神社包括著名的位于镰仓的鹤冈八幡宫。

祈祷与和谐

净化仪式和其他仪式在一年中的固定时间举行，但通常神社是非正式场所，人们闲暇时到此祈祷或献祭。神道教强调“和谐”，这意味着它对其他宗教的高度宽容，有时你可能会在佛教寺庙中看到神道教圣地——许多日本人会很乐意在这两个地方参观并举行仪式。

日本生活的许多方面都源于神道教的实践，包括清洁和简朴的美学。神道教与自然的深厚渊源也反映在“侘寂”（第72页）的概念中，是从自然的不完美中看到美。

>本殿是神社中最神圣的建筑；东京上野东照宫本殿。

崭新的神社

日本古老的神道教神社通常看起来是全新的——这是因为它们每20年就按照原样重建一次，以重新净化地面。

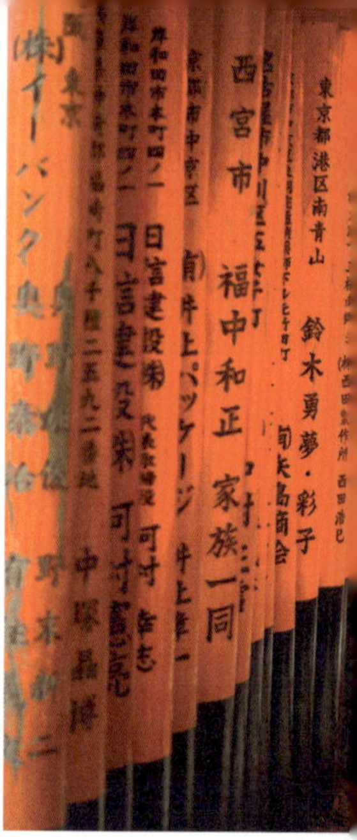

^从左到右：明治神宫的鸟居是由树龄超过1500年的桧树制成的；数以千计的朱红色鸟居沿着4千米长的小道通往伏见稻荷大社；二见浦海岸上独特的“夫妇岩”，象征着婚姻。

参观神社

参观日本80000个神社之一，就像走进了一片极度平静的绿洲，那里的气氛与自然和精神世界有着近乎有形的联系。要到达神社，你必须先穿过鸟居——一个朱红色的大门，象征着凡间和圣地的边界。大多数神社只有一个鸟居，但有些神社，如京都的伏见稻荷大社，有数千个鸟居。当你进入建筑群时，留心一下寓意吉祥的动物雕像和注连绳（装饰在入口处的稻草或麻绳），据说它们会保护神社免受灾邪和疾病的侵害。

进入神殿之前，要在入口处的石水池洗手（这是净化的标志）。从那里开始，石头铺成的参道通向拜殿和本殿，人们认为神社的神就住在那里。只有拜殿对公众开放，本殿通常只有祭司长才能进入。祈祷前摇铃并拍手掌以提醒神灵你的存在。把硬币扔进神龛前的槽里也是一个传统——5日元和50日元（1日元≈0.06元人民币）被认为是最吉利的。

祈祷前摇铃并拍手掌
以提醒神灵你的存在。

日本神圣的神社

几乎每个地区都有神道教神社，以下几座在神道教中占有特殊地位。

伊势神宫 伊势神宫是日本最神圣的神道教神社，位于海滨城市伊势市（三重县）。它分为两个部分：外部的外宫和内部的内宫。传说日本皇室的祖先天照大神的化身——镜子就放在内宫。

出云大社 出云大社（岛根县）是仅次于伊势神宫的第二个重要景点。这是献给幸福婚姻之神的礼物，使得它很

夫妇岩

二见浦的夫妇岩如夫妇般相依，象征结缘。

受情侣们的欢迎。并且传说每年11月日本各地数百万神仙都会聚集在这里一起讨论当年的活动。

热田神宫 名古屋（爱知县）的热田神宫建于约1900年前，为存放传说中的草薙剑而建立。草薙剑是日本三大神器之一。

明治神宫 东京神道教第一神社，是为了纪念明治天皇和昭宪皇后而建。建于1920年，宏伟而简朴，周围环绕着12万棵树，共有365种。12米高的鸟居是全日本最大的。

严岛神社 宫岛（广岛县）的严岛神社是日本著名的神社之一。鲜艳的朱红色鸟居从海面中升起，低矮的大殿坐落在码头似的基座上，看起来像是海上的神社。

东照宫 日光市（栃木县）的东照宫打破了神道建筑的简朴风格，17世纪的幕府将军德川家康最后安息于此。经过雕刻、镀金和喷漆的精心装饰，闪闪发光的阳明门十分引人注目。

‹狐狸是稻荷神的使者。

日本三大神器

传说日本的三大神器——八咫镜（藏于伊势市伊势神宫）、八尺琼勾玉（藏于东京都皇居）、草薙剑（藏于名古屋市热田神宫）是由日本皇族的祖先琼琼杵尊带到地面上的。然而，很少有人确切知道它们是否存在，因为从未公开展示过。

防震

镰仓大佛的底座上有减震器，保护其免受地震破坏。

‹从边沿顺时针方向：镰仓大佛（神奈川县）铸造于1252年；日本的佛教僧侣经常穿黑色长袍；京都的金阁寺是日本著名的禅寺之一。

佛教

简单与宁静

基于佛教的教义，日本的佛教渐渐发展为本土神道教的补充。它的信仰体系和道德观渗透到现代日本人的生活中，特别是禅宗在精神层面上的克制。

佛教创立于印度，于公元6世纪经由中国和朝鲜传入日本，产生了数百种不同的佛教运动、教派和分支，其中一些融合了本土神道教信仰（第60页），随后在日本发展起来。截然不同的信仰吸引了贵族、武士和平民各个群体，他们各自根据不同的目的调整做法。其中最著名的是禅宗，它强调坐禅和自救。禅宗朴素的美学和对生活本质的返璞归真对日本文化和艺术产生了深远的影响，如哲学理念中的“侘寂”“物哀”（第72页），以及庭园设计（第78页）、茶道（第198页）等。其他一些重要教派包括融合了印度教元素的真言宗，如手势和念咒；天台宗，强调自我奉献精神；修验道是神道教的一个分支，结合了佛教和神道教的信仰。

个人信仰

日本至少有三分之一的人口认同佛教，还有更多人会参观佛教寺庙，在此参加节日或葬礼等仪式。寺庙很少举行固定的仪式，所以大多数朝拜者会在方便的时候前去参观。许多日本家庭会设一个小的佛龛，信徒们也可能会带着小护身符，这些小护身符由僧人祈福过以求好运（第69页）。

^从左到右：前往佛教寺庙的朝圣者通常穿白色衣服；地藏菩萨像经常一手拿锡杖，一手持宝珠。

参观寺庙

参观一座佛教寺庙会把你从尘世带到佛陀的世界。入口是一个雄伟的山门。山门的两边，在壁龛里或木门上，守护神哼哈二将威风凛凛地注视着你，它们保护神庙免受邪灵侵害。一旦你进入大院，主要焦点是大殿，里面有寺庙供奉的主要佛像和一张桌子，祈祷者跪在祭坛前默默祈祷。有些寺庙会供奉其他菩萨，如观音菩萨。

宝塔

一些寺庙建筑群中有宝塔，大多是印度佛塔的中国版本，里面供奉着佛陀的遗物。不过大多日本宝塔不具有这种宗教功能。大多宝塔有五层，据说代表五元素：土、水、火、风和天空。

地藏菩萨像

寺庙建筑群的另一个共同特征是地藏菩萨像。据说地藏菩萨是未出生婴儿和孩子们的监护人，帮助死去的孩子进入下一个世界。失去孩子的父母通常会给雕像穿上红色围兜和婴儿服装以化解悲痛。一些人则会留下衣服作为礼物，以感谢他们救了自己的孩子。

日本著名的寺庙

日本不乏历史悠久的佛教寺庙，以下几座极具纪念意义。

浅草寺 东京浅草区中心的这座古老的佛寺建于7世纪中叶，供奉着一尊

> 威风凛凛的哼哈二将
> 保护神庙免受邪灵的侵袭。

被两个当地渔民网住的观音小金像。它非常大气，总是挤满了游客。

高德院 在海滨小城镰仓市（神奈川县）到处都是寺庙，其中最著名的是高德院。在这里，你可以看到一尊11米高的青铜大佛，这尊大佛平静地经受住了台风、海啸，甚至1923年的关东大地震。

金阁寺 京都这座14世纪的禅宗寺院被日本政府指定为特别名胜。中心建筑物外部包着耀眼的金箔，精致地矗立在湖边。

清水寺 俯瞰京都，建于8世纪的清水寺以其悬造式大型木制建筑——清水舞台而闻名，舞台用来表演神圣的舞蹈。寺院内还一座小神社，供奉神道教的爱神“大国主神”。神殿前有两块相聚10米远的“恋爱占卜石”。传说如果能闭着眼睛从其中的一边成功走到另外一边，你就会找到真爱。

东大寺 奈良市（奈良县）的东大寺大佛殿，据说是世界上最大的木制建筑。古往今来，它已经重建了好几次，但一直都供奉一尊高16米、盘腿坐着的巨大青铜佛像。

耕三寺 这座位于广岛县生口岛的彩色寺庙是当地一位实业家为了纪念他的母亲而建造的。建筑开工于1936年，之后的30年间，小型的日本著名寺庙建筑和一尊巨大的观音像得以建成。

›据说，清水寺的宝塔有保佑安产的作用。

专栏

复杂的命运

御神签有不同的种类，
从大吉依次到凶。

本土设计

狐狸形状的“绘马”
在稻荷神社很受欢迎，
因为它们与稻荷神的
狐狸使者有联系。

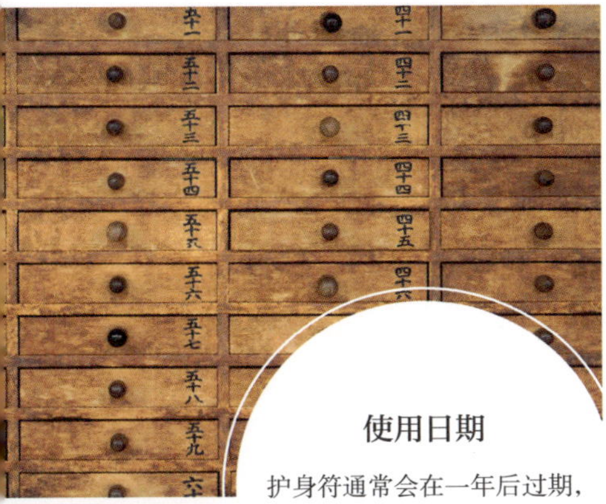

使用日期

护身符通常会在一年后过期，这时应该在祭祀火中处理掉它们。

御神签与祈福

多一些好运

任何需要好运的人都可以从神那里祈求想要的魅力和财富，这在日本的神道教神社和佛教寺庙中十分常见。最引人注目是色彩鲜艳的护身符，这是一个柔软的小布袋，里面装着由僧人祝福过的祈祷文。人们祈求它可以带来好运，如健康、财富、好的考试成绩和交通安全等，可以将它们戴在身上或放在其他地方。据说重要的是不要将其打开，否则将不起作用。其他受欢迎的还有绘马，一种小型木制祈祷牌，在上面写上祈祷文或愿望，然后挂在寺庙或神社里，祈求神看到后会帮助你实现。它们上面通常印有吉祥动物和神殿民间神的插图。

如果想更直接地了解个人时运，可以抽御神签。一般是从一捆神签中随机抽出一根，然后选择与神签上的数字相对应的幸运纸条；你也可以直接从自动售货机中购买。不过并非所有纸条都写的“大吉”，如果抽到凶签，一般要把纸条绑在神社的柱子或松树上以求摆脱厄运。

‹从左上方沿顺时针方向：一个御神签；待售的护身符；装有御神签的抽屉；护身符装在色彩鲜艳的袋子里；京都六波罗蜜寺的绘马；狐形绘马。

福禄寿

弁财天

毗沙门天

七福神

民间守护神

就像西方儿童对童话故事了如指掌一样，日本的孩子从小就熟悉各种古怪的古代民间神仙和神话中的生物。下面，我们了解一下其中最受欢迎的“七福神”。

七福神植根于印度教和道教传统理念，融合了神道和佛教信仰。日本各地的寺庙和神社里都能看到七福神的雕像和绘画，七福神还作为守护神出现在酒吧、餐馆和商店里。除夕夜，日本传统的做法是在枕头下放一张七福神的图片，为新的一年祈求好运。

七福神

七福神一同乘坐“宝船”出行，七位神性格各异，具有独特的本领和特点。

福禄寿 智慧、幸运、长寿与幸福之神，也是棋手的守护神。他的头几乎和身体一样大，通常拿着一根手杖和一个书卷。福禄寿身边常伴有乌龟、乌鸦或鹿等象征长寿的动物。

弁财天 美丽的艺术女神。她是七福神中唯一的女性，也是艺术家、作家和艺伎等有创造力的人的守护神。她通常怀抱一把琵琶，带着一条宠物白蛇。

毗沙门天 战士之神，也是拳击手的保护神。他身披盔甲，一手捧宝塔，一手持宝棍，表明他是圣地的保护者。

大黑天 微笑的短腿商业之神。他是银行家、厨师和农民的守护神。他头戴一顶帽子，背着一个装满东西的袋子，大黑天有时被描绘成女性形象。

大黑天

惠比寿

布袋和尚

寿老人

七福神性格迥异、各显神通。

惠比寿 繁荣与财富之神。惠比寿是七个神中唯一一个纯粹的日本人。他是渔民的守护神，鱼竿是他的标志，常被当作餐馆和商店的吉祥象征。

布袋和尚 财富与声望之神。儿童和酒保的守护神。这位乐呵呵的和尚胖胖的，衣服不太合身，背着一个装满财富的包。10世纪的中国人契此被认为是他的原型。

寿老人 长寿之神，老年人的守护神。他非常高，脑袋细长，长着散乱的白胡子，身边常伴一只乌龟和一只1500岁的鹤。

七福神的雕塑是神社和寺庙的常见景观。

^元旦那天，白川乡（岐阜县）的居民装扮成七福神，围着村子跳舞，庆祝神灵的到来。

弁财天

美学与设计

品位和风格的概念

日本美学以一套古老的理念为基础，发展出设计之美的独创之道。日本传统美学基于神道和佛教信仰，强调简洁和生命的短暂性。以下原则体现在日本设计的方方面面，无论是插花的排列（第74页）还是汽车的形状。

⌄一个由金缮修复的破裂碗依然是侘寂风格。

侘寂

“侘”意为朴实无华，而“寂”则表示一种永恒之美，一种迷人之趣。侘寂风格设计的魅力来自它的不完整、不完美和不永恒。比如，一只碗的形状并非对称的圆形，而是略微歪斜：其颜色并非明亮大胆，而是自然柔和，且质地可能粗糙不平。日本普通民众可能很难对这个概念做出准确的解释，但他们会本能地通过观察上述特征来判断某件东西是否为“和风”。

⌄插花受季节因素影响，这提醒人们自然的短暂。

物哀

“物哀”这个概念是侘寂的基础，它可以被翻译成“哀情”，并包含了无常观。这是日本人热爱短暂事物的驱动力，如赏樱花。这是一种复杂的情感，观赏美丽樱花时的喜悦，会被花期短暂的悲伤而冲淡。

素雅

与侘寂不同的是，“素雅”（渋い，shibui）是一个形容词，表达了微妙、低调的美和内蕴的概念。虽然许多有侘寂之感的物件和设计都是“素雅”的，

<日常生活中能看到侘寂风格，即使是一个简单的桌子都提醒人们一切都不是永久的。

金缮

金缮修复侘寂风格的破碎陶器——这是一种用金箔修复裂缝来美化瑕疵的技术。

但“素雅”的东西并非都是侘寂风格。据说“素雅”有七种元素：简单、含蓄、谦逊、自然、平凡、瑕疵和安静——没有任何设计华而不实或过于灰暗。

粹

“粹”可理解为“别致与时尚”，是日本人较新的审美概念，演变自17世纪的商人文化，与上层皇族和武士推动的侘寂理念相对立。如今，“粹”最引人注目的是那些精心设计的日常用品，比如有着精致刺绣的茶巾，但从“黏土”（Nendo）设计工作室生产的时尚电子产品以及日本作家村上春树的作品中也能感受到“粹”的存在。

>日本每年盛开的樱花，完美地承载了物哀中的欢乐与忧伤。

空间

空间就像树叶一样，
处于动态变化之中。

三要素

中心高耸的花枝为“天”，
低垂水际的花枝为“地”，
二者中间的一枝为“人”。

先驱

史料记载的第一位插花大师
是15世纪的佛教僧人池坊专庆。

学习

小原流和草月流
两个花道流派
都在东京开设插花课。

插花

给予鲜花生命

作为物哀的象征，插花通过花与叶的安排，创造出一件件栩栩如生的艺术品。这种做法起源于早期的佛教寺庙，佛教僧侣将其用于茶道。花道最简单的形式是三种元素的组合，但是其风格在漫长的岁月中发生了巨大变化。江户时代，花枝众多的“立花”花型开始流行，它代表佛教的宇宙观，随后出现了一种更简单的“生花”花型，它注重植物的内在美。

如今花道流派之多令人惊讶。池坊是最古老的流派，严格坚持“立花”和“生花”的花型要求。小原流成立于明治时期，融入了西方花束元素，采用“盛花”的新花型彻底改变了花道。盛放在容器中的花束代表自然景观。草月流成立于1927年，主张任何人在任何地方、任何时间、能利用任何材料创作。更多的现代流派还包含“自由花”花型，即没有固定的规则，全凭艺术家的想象。

‹象征性和季节性是插花创作的关键因素，影响其大小和布置。

日本传统房屋

自然实用

日本传统建筑在寺庙和神社的设计中得以体现，受亚洲大陆风格的影响，其特点是强调天然材料、崇尚细致的工艺和匀称安静的空间。

在这个地震频发的国度里，用天然材料建造房屋是一个很好的选择，这比砖头和玻璃更能适应多地震的环境。日本的古代森林恰好成为这些材料的来源，为建筑者提供了木材、竹子和植物纤维。不涂任何漆料便可展示木材纹路的自然之美，且木匠大师们能不使用钉子就熟练地连接好房屋梁柱。房屋基本上没有装饰，不过有时会在屋檐和窗框上刻有装饰性标志。

椽子、天花板、栅栏和外部的百叶窗都使用竹子，室内空间则根据需要用活动屏风和推拉门来分割。屏风上的不透明和纸既能采光，又能投下平静的阴影。巧妙地将可持续素材用于特色设计，且与日本气候相适应，使夏季室内保持清新凉爽，冬季保持温暖舒适。

宁静的室内设计

参观传统的日本房屋，或者直接入住传统的日式旅馆，就像走进了一件设计精致的艺术品。玄关这个门廊区域是外界和房屋之间明确的分界点。从玄关进入，在此脱掉鞋子，然后走过正门走廊的木地板，进入房子。一些较大的房子会在“缘侧”（一个向外延伸的木制走廊，围绕在房子的外缘）为游客提供一个入口，你需要站在石阶上脱鞋。天气晴朗时，可以坐在外缘

^从左到右：白川乡以其传统建筑而闻名；室内设计与自然环境相协调。

> 参观传统住宅就像走进了一件精致的艺术品。

回到过去

石川县金泽市的野村家是传统上流社会住宅的典范，而鹿儿岛县的知览、长野县的妻笼、岐阜县的马笼等古代旅人的驿站，拥有一整条街的传统木屋。在乡下，你会看到民房，这些民房通常有陡峭的茅草屋顶，最著名的是白川乡（岐阜县）和五个山（富山县）。

走廊上欣赏周围的美景，天气不好时，可以拉上防风暴百叶窗将其密封起来。

房子的中心有地炉，可在这个下沉的炉灶里烧炭，以取暖和烹饪。冬季人们在接待室和起居室里通过被炉取暖。也就是在一个低矮的木头桌子下面放一个加热器，上面盖着毯子或被褥，你可以把腿放进去取暖。另外，在主接待室里还有壁龛，这个凹陷空间用于展示悬挂的书法卷轴和插花等艺术品。这些物品通常随着季节变化而变化。

⌄在屋内可坐在地板的坐垫上。

榻榻米

房间里的榻榻米有一种令人愉悦的独特气味，就像刚割好的青草味儿。榻榻米是一种铺在地上的长方形垫子，人们直接在上面放上坐垫坐着或者铺上被褥睡觉，不需要椅子和床。榻榻米的长宽比为2∶1，并且不同产地有不同的标准尺寸。例如，东京的榻榻米就比京都的小。即使在现代的日本家庭中，榻榻米仍然很受欢迎，至少有一个房间会铺榻榻米，且房间大小常以整个房间的榻榻米数量表示。

庭园

雪、月、花

日本庭园的设计是为了适应四季的变化，其布置灵感源自神道对自然的热爱以及佛教的天堂观。经典的日本庭园大致可分为四种类型，但它们有许多共同的元素和原则。

人间天堂

天堂庭园的设计是为了让人联想到净土或佛教的天堂，佛陀在荷塘中间的小岛上打坐。此类庭园最著名的例子是京都的平等院，它的池塘代表着“冥河”，亡者在那里重生。

冥想空间

枯山水庭园是日本岩石庭园或禅宗庭园，通常是佛教禅寺景观的一部分。为了给人们提供一个冥想的场所，以细细耙制的白砂石铺地，再加上几尊叠放有致的石组。安来市（岛根县）足立美术馆的旱景庭园曾获得过奖项，京都的龙安寺拥有最具代表性的枯山水庭园，其特色是在光滑的砂石海中，用耙子耙

^京都的龙安寺等禅宗庭园，用砂石代表水。

‹金泽市兼六园的四季美景令人惊叹。

出线状图案代表水纹，且放置的神秘岩石像微型的海岛。

变化的风景

回游式庭园是为散步而设计的，流行于江户时代（1603—1868年）的贵族别墅中。东京的“六义园”就是一个很好的例子，它的设计灵感源自古典诗词。

茶庭

茶庭是与日本茶室相配的简易庭园。它就像一条从现实世界通往神奇茶道世界的山间小径，绿化以苔藓、蕨类植物和常青树为主，也有枫树、李树等树木。

⌄东京的六义园以盆栽的形式再现了88首名诗中的风景。

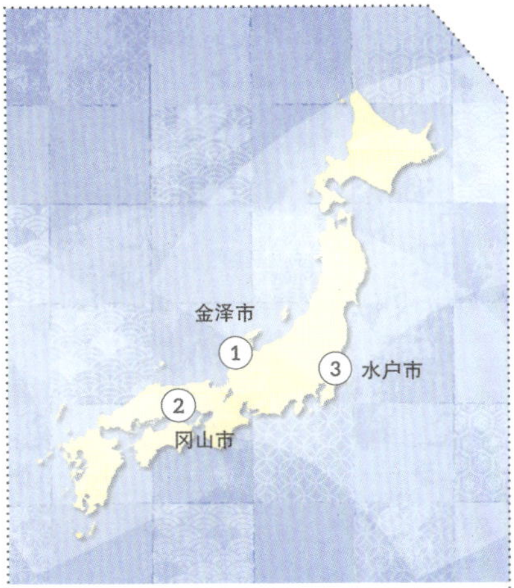

日本顶级庭园

在日本，有三座园子最能体现“雪”“月”“花”。“雪”“月”“花”三者指一年四季在各个园子里感受到的各种自然之美。

①兼六园 金泽市（石川县）的散步庭园，是拥有“宽敞、宁静、古朴、景观、精巧、清凉”六大元素的理想庭园。

②后乐园 1700年建成的冈山市（冈山县）观光散步园，其特色是中央池塘上有一条环形小路，其中有3个岛屿，再现了京都附近琵琶湖的景色。

③偕乐园 位于水户市（茨城县），以2月有100种梅花盛开而闻名。它的独特之处在于建造设计的初衷是作为公共庭园，而非私人庭园。

盆景

微型杰作

盆景，顾名思义是“在容器里种植”，指在浅盆里培育微型树木的艺术。微型树起源于中国，大约1000年前传到日本并流行起来，成为一种捕捉自然之美且方便私人观赏的艺术。盆景的本质并不是大自然中的“小矮人”。相反，幼苗树或灌木被封闭在一个小容器中，其生长过程中需要精心摘叶、抹芽和疏剪，才能栽培成盆景。针叶树如刺柏和黑松，落叶树如日本枫树，灌木如日本紫藤，果树如苹果树和李树，所有这些树都可以被栽培，组成完整的景观。通过修剪者的慧眼、耐心和娴熟的双手，一棵粗糙的老松树能让人联想到无情的暴风雪，一根倾斜的树干看似被强风吹过，一棵下垂的树似乎悬挂在一片陡峭的山坡上。

要看这些栩栩如生的艺术品，你可以去高松市（香川县）的鬼无和埼玉市（埼玉县）的大宫。埼玉县是大宫盆景美术馆的所在地，里面有一棵有着1000年历史的虾夷松，名叫“铭轰”(意为“雷声轰鸣”)。它只有94厘米高，腐朽的树干和精心培育的亮绿色树冠，有着一种飘逸、空灵之美和侘寂之美（第72页）。

日本画

绘画风格演变

^狩野派的《东山游乐图》(约1620年)描绘了京都的樱花季。

日本绘画所涵盖的流派、风格和技巧十分广泛，至今已完美融合了本土美学和外国艺术。

史诗级插图

日本绘画在很大程度上借鉴了中国的艺术元素，自平安时代起，日本绘画开始形成自己独特的风格。794年，日本首都从奈良迁到今天的京都，释放了人们的创造力。

其间出现了一种新的绘画形式"绘卷"，这是一种描绘传奇、历史故事和浪漫故事的叙事画卷。形式丰富的绘卷中有一种是典型的"大和绘"，以个性化的人物、飘动的彩云和创新性的室内空间景观为特色。

简约的水墨画

14世纪，单色水墨形式的简约风格开始流行。这项技术引自中国，最初用于装饰禅宗寺庙——其简单、流畅、不完美的本质与侘寂的概念完美契合（第72页）。雪舟和周文便属于此类风格画家，雪舟最著名的作品15米长的《四季山水长卷》收藏于山口县防府市毛利博物馆，周文的《竹斋读书图》在东京国立博物馆展出。

幕府将军向往奢华壮观的艺术作品。

粗犷绚丽的狩野派

15世纪到19世纪，狩野派占据画坛主导地位。其特点是色彩鲜艳、风格华丽，画作中常绘有金叶或银叶。伴随幕府将军的崛起以及他们对于奢华艺术的渴望，狩野派蓬勃发展。这类画常出现在屏风和推拉门上，例如尾形光琳（1658—1716年）梦幻般的《红白梅图屏风》，收藏于静冈县热海市的MOA艺术博物馆。

西方影响

19世纪后期，日本传统绘画风格不断被油画等西洋画所取代。因此，新日本画运动随之出现，它将传统的绘画技巧与更现代的题材相结合。你可以在东京山种美术馆看到这些与众不同的作品。

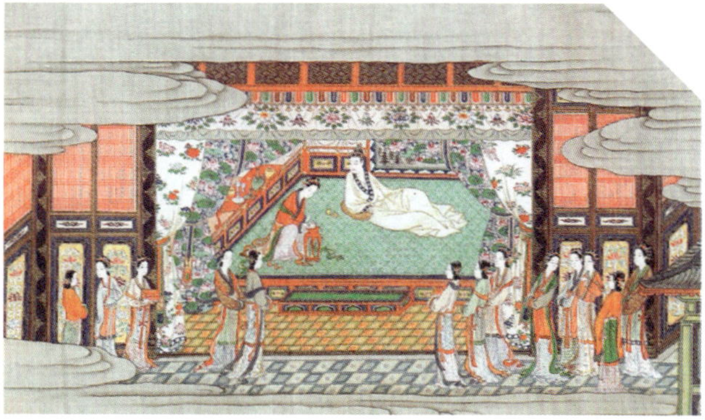

^狩野山雪的《长恨歌图》是大和绘风格的卷轴画。

艺术史一览

现存最古老的大和绘是12世纪的四卷《源氏物语绘卷》。《源氏物语》（第133页）是世界上古老的小说之一，其精美的插图生动地展现了当时宫廷文化的氛围。其中一卷在东京五岛美术馆，另外三卷收藏于名古屋市（爱知县）的德川美术馆。

浮世绘

“浮世”之绘

浮世绘的字面意思是“浮世之绘”，又名木版画、风俗画，以描绘17世纪至19世纪日本多彩的场景而闻名。

浮世绘是日本民间开发的一种定制版画，善于捕捉给人感官享受的日常生活画面。最常见的主题包括著名艺伎、歌舞伎演员和相扑选手，以及著名的景观。美妙的风景也很受欢迎，当时很少有人能自己去旅游，浮世绘便提供了类似的快乐。浮世绘在日本非常流行，在国外也很受欢迎，甚至影响了印象主义美术思潮和新艺术运动等西方艺术运动，马奈（Manet）、凡·高（Van Gogh）和图卢兹-劳特雷克（Toulouse-Lautrec）等画家也从中受到启发。

人们普遍认为最初的浮世绘版画由菱川师宣创作而成，他干净的绘画风格为后世画家们提供了参考标准。另外最著名的当属葛饰北斋，他的《神奈川冲浪里》(《富岳三十六景》系列之一)

⌄北斋的《神奈川冲浪里》可以在东京墨田北斋美术馆看到。

浮世绘代表画家

葛饰北斋（1760—1849年）
除了著名的《富岳三十六景》系列作品，葛饰北斋还以画春宫图而闻名。

菱川师宣（1618—1694年）
日本最早的浮世绘大师，这位高产的画家以其对女性美的描绘最为著名。

歌川广重（1797—1858年）
以《东海道五十三次》和《名所江户百景》等系列风景画而闻名。

歌川国贞（1786—1864年）
其一生非常受欢迎，声誉超过了同时代的所有人。

已成为全球公认的佳作范本。其他有影响力的画家还有歌川广重，他一生创作了8000多件作品。歌川国贞（又称三代歌川丰国）以其演员版画闻名，他也是19世纪后期日本最高产和商业上最成功的浮世绘画家。

浮世绘沉浸式体验

在长野县松本市的日本浮世绘博物馆和东京太田纪念美术馆，你可以沉浸在各类精美的浮世绘收藏品中。东京和长野县有专门为葛饰北斋而建的美术馆，岐阜县有一个为歌川广重而建的美术馆。

复杂工艺

浮世绘印刷过程需要多道工序，涉及多个阶段和不同的工匠。首先画家设计图画，并分解出需要使用的不同颜色。接下来，木雕师在一系列木版上雕刻每个独立的彩图。最后，印刷师将各块版拼接成最终的完整图，从最亮的颜色开始到最暗的颜色结束。每块版都有编号标记，以方便印刷师排列颜色顺序。

浮世绘的图形风格如今依然流行。

> 浮世绘是一种平民买得起的艺术品，
> 善于捕捉给人感官享受的日常生活画面。

益子烧

有田烧

伊部烧

壶屋烧

陶艺

具有地域特色的传统工艺

日本陶瓷多姿多彩，或质朴中带有瑕疵感，或图案细致而精美。如今技法娴熟的工匠按照流传几个世纪的传统方法将其制作而成。

陶瓷在烹饪与茶道中起到核心作用（第198页），因而各种风格也在不同领域得到了发展。每种都融合了当地独特的实际情况与技术，与当地黏土的性质密不可分。

当地人认为黏土可以改善
食物和饮品的味道。

益子烧

用于制作益子烧的黏土富含硅酸盐和铁，易于成型、耐火性强。枥木县是日本有名的陶瓷城之一，约有250个陶器厂和50家陶瓷商店。这个地区尤其以红黏土制成的陶瓷而闻名，益子町人滨田庄司将其发扬光大，他同时也是日本民艺运动的主要人物（第118页）。

有田烧（伊万里烧）

16世纪，朝鲜半岛的制陶工被带到九州岛的有田，分享彩色上釉技术等知识。他们遗留下来的薄、轻，且耐用的伊万里烧以精美的图案而闻名，常带有蓝色和白色的花卉图案。日本历史悠久的陶器制造商之一便是成立于1804年的有田制窑，如今依然生产传统或具有现代设计感的陶瓷制品。

伊部烧（备前烧）

备前烧在冈山县伊部地区已有一千多年的历史。这种陶瓷有着温暖的红棕色，通常由泥土和富含铁的黏土制成。当地人认为这种黏土性质独特，可以改善食物和饮品的味道，且有助于延长放置于备前烧中的鲜花寿命。

壶屋烧

自16世纪以来，温暖的冲绳岛就成为壶屋烧的故乡。壶屋町隶属于那霸市，在20世纪制窑厂被迁移至读谷之前，这里是陶器厂的历史所在地。简单无釉的“荒烧”风格通常用作大型储物器皿，而色彩更为鲜艳的“上烧”风格则多用作装饰性餐具。

砥部烧

自18世纪首次引入以来，四国岛上的爱媛县砥部町的特色陶瓷生产几乎没有什么变化。至今为止美丽白瓷上的蓝色仍是由当地手工艺人亲手绘制而成。

购买属于你的陶瓷宝藏

陶艺节为大家寻找独特的陶瓷纪念品提供了绝佳机会。砥部町陶艺节会在每年春天和秋天举办，大约会有60个摊位出售镇上引人注目的白底靛蓝纹陶瓷。4月底、5月初和11月初还会举办一年一度的大型陶器交易会。

古老艺术形式

陶艺始于距今约15000年前的绳文时代，当时的陶器普遍带有绳纹样式。

每个手工绘制的砥部烧都是独一无二的。

砥部烧

轮岛涂的漆器经常有黄金色装饰。

^从左到右：最常见的漆器颜色是黑色和红色的；传统上用于镶嵌的木材是不染色的。

传统工艺品

日常艺术

在日本，艺术和手工艺之间没有严格的区别，两者都有着伟大而悠久的历史，同样受到珍视。传统手工艺仍然在全国盛行，最熟练的手艺人被尊称为“活的国宝”。

在日本各地，你都可以参观市场和作坊，那里充满了各种美丽的手工艺品，有些人甚至可以尝试自己动手制作。以下几类尤为受欢迎。

漆器

欣赏光滑的日本漆器是一种享受。它起源于5000多年前，是通过在木头上覆盖一层漆（从树液中提取）然后将其打磨成光滑且有光泽的表面制成的。石川县的精美漆器“轮岛涂”展示了沈金、莳绘和洒金粉等精美工艺，而本州北部的青森县津轻地区则擅长使用多层不同颜色的油漆制作斑驳的漆器。日本西部和歌山县的“根来涂”漆器外层是红色的，经过磨损之后会慢慢露出下面的黑漆。除了艺术技巧，工匠还需要高超的技艺，因为漆在变干之前是有毒的。

寄木细工

神奈川县的温泉胜地箱根町位于东京以西，以其复杂的镶嵌工艺而闻名，当地的薄木片被用来制作成精致的几何图案。传统上，寄木细工用于制作机关盒和饭盒，如今新一代工匠将其运用到手机套、珠宝首饰等各个方面。

金属工艺

几个世纪以来，新潟县的燕市和三条市一直是金属加工中心。该地区的特色是“锤起”铜器，用锤子将一块当地的铜片手工锤打成想要的形状。燕市的锤起铜器老字号“玉川堂”，被日本文化厅指定为非物质文化遗产。

和纸

和纸由植物纤维手工制成，其独特且自然的不规则外形蕴含侘寂之美（第72页）。和纸类型丰富，用于门帘和灯罩等物品。“细川纸”以坚韧耐用而闻名，由楮树树皮制成，利用花瓣及草木灰创造不同的颜色和纹理。“石州半纸”产于日本岛根县，因其坚韧的质感备受欢迎，制作原料混合了黄瑞香、雁皮（一种类似丁香的灌木）和木槿根。

^彩色达摩玩偶是毅力和运气的象征。

人偶

在日本，人偶不仅仅是儿童玩具，还有更广泛的文化魅力。几乎每个人都会买禅宗始祖菩提达摩的红色混凝纸玩偶。这些护身符出售时通常不画眼睛，其想法是当设定一个目标时，画一只眼睛；当目标实现时，再画另一只眼睛。更精致的是“雏人偶”，穿着平安时代（794—1185年）宫廷贵族飘逸华丽的长袍，为了3月3日的女儿节而制作。

>和纸工艺在日本已有1000多年的历史。

关键技能

学校教孩子们折纸，以培养他们的几何空间想象能力和良好的控制力。

千纸鹤

千纸鹤是长寿的象征，有人在商场里分发，酒店的枕头上也可能会放置。

象征和平

广岛儿童和平纪念碑的纸鹤来自世界各地。

折纸

折纸艺术

折纸从简单的折叠开始，然后一步接一步，直到一张纸被折成一个优雅的作品，所有步骤都不需要剪刀或胶水。折纸起源于宗教仪式，在江户时代（1603—1868年）发展成为一种艺术，当时幕府出版了书面律令，坚硬的“和纸”（日本纸）得以普及。在20世纪初，人们对折纸的兴趣减弱，但折纸大师吉泽章的神奇创作再次点燃了人们的兴趣。如今，折纸成为一种流行爱好，很多博物馆都致力于折纸艺术。石川县的日本折纸博物馆是世界上最大的折纸博物馆，也是众多可以上课的地方之一。人们还将折纸技术巧妙地应用到其他技术中，如火箭的太阳能电池板，可以折叠发射，在太空展开后，再折叠返回。

极具代表性的折纸设计之一便是千纸鹤。在日本，鹤的寓意十分吉祥，人们相信任何能折叠1000只千纸鹤的人会实现自己的愿望。这个故事最著名的例子是广岛的佐佐木贞子，她折了1000多只千纸鹤，希望自己从白血病中恢复过来。遗憾的是，她最终并未痊愈，不过广岛和平纪念公园的儿童和平纪念碑有一串串的千纸鹤在为她祈福。

休闲放松

很多人认为折纸可以减压。

‹1797年出版的《秘传千纸鹤折形》一书首次正式介绍了折纸艺术。

›日语一般是从上到下竖着写的。

书法

书写之道

^汉字“冬”的草书写法。

在西方，书法与笔迹相关，但在日本其被视为一门艺术。书法笔力、墨水层次、笔触轨迹以及文字位置都反映了艺术家的自我个性和对美的追求。

直到5世纪左右，中国的表意象形文字被引进之后，日本才有了一套书写系统。每一个表意汉字都有自己的意思，组合起来又能创造出新的文字。例如，“木”的意思是树，而三个在一起组成“森”，意为森林。然而因为日本的本土日语没有表音符号，而用来标注读音的汉字数量有限，便添加了两种表音文字。平假名用来书写日本固有词汇，而片假名用来书写所有外来词和外国名字。如今的书面日语有三种书写方式。同时，书法家可以选择各种不同的书法字体，包括楷书、行书和草书。

日本儿童在学校期间都会学习汉字，书法也是国家基础课程的一部分。学生们从9岁左右开始学习书法，在大多高中都有书法俱乐部。

用毛笔在纸上书写

近年来，书法表演受到日本全国的青少年书法俱乐部关注，参与者伴随着音乐，用大毛笔书写超大的文

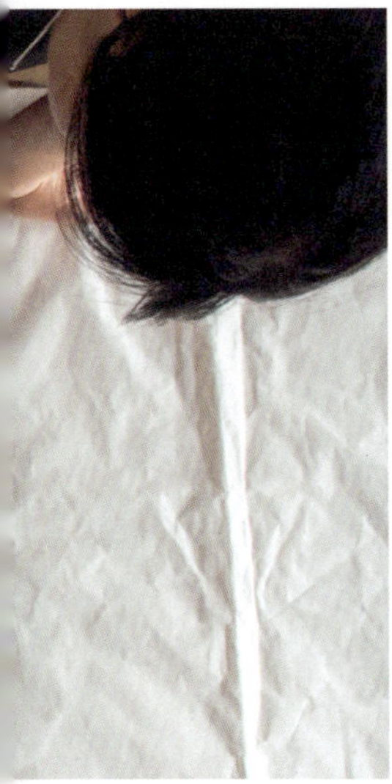

字。最著名的比赛是爱媛县一年一度的“书道表演甲子园”，日本电影《书道女孩：我们的甲子园》（2010年）的灵感便来源于此。

^传统的书法用具由毛笔、墨水、砚台和砚滴组成。

今天，儿童和成人都可以学习私人书法课程，在东京、京都和其他城市都有为外国人开设的入门课程。国家博物馆和私人画廊，如东京国立博物馆和东京书道博物馆，会定期举办书法展。甚至还有汉字形状的池塘，如京都西芳寺苔藓庭园的池塘是“心”字形状。

新春时用毛笔写大字是日本的一个风俗；依据传统，新春试笔在两周之后会被烧掉，据说若风吹起燃烧的灰烬，则意味着书写者的技能将会提高。

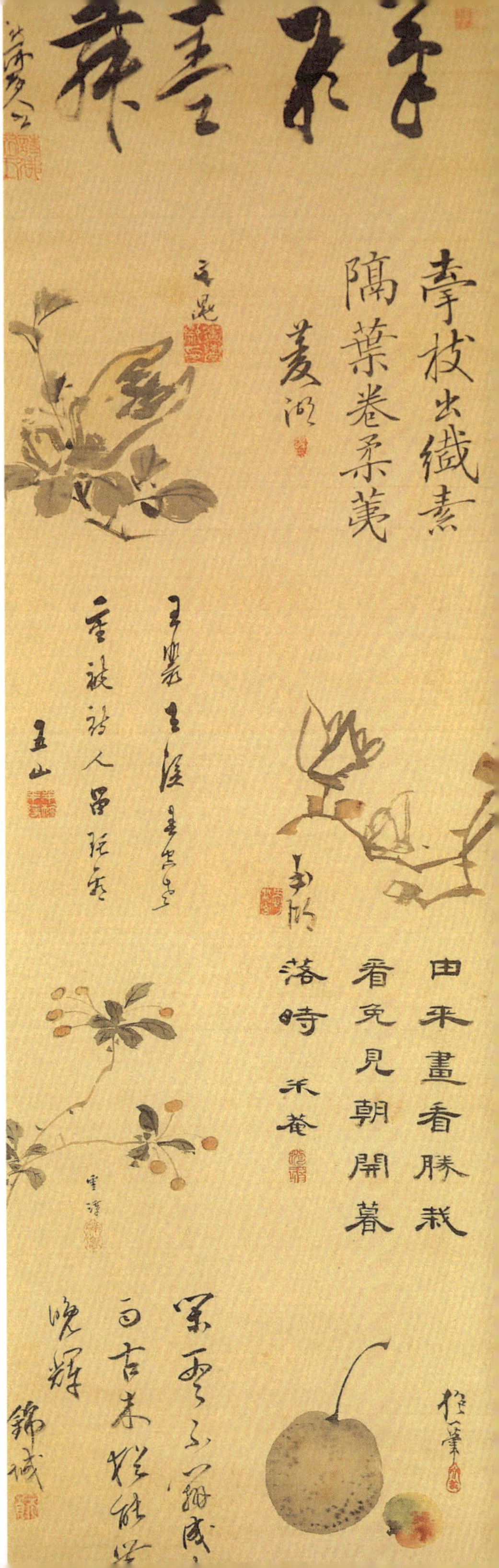

>佛教僧侣促成了早期的书法风格的形成。

创新的日本

人们经常将日本与科幻小说中的未来城市联系在一起，这并不奇怪。夜幕降临时，只要来到东京的涉谷路口，你就可以想象自己正在拍摄另一部《银翼杀手》（*Blade Runner*）续集。越来越多的游客来到日本，这个国家热切地展示着其前沿技术。东京和大阪之间正在建造一条新干线和一个燃料电池汽车的氢站网络。政府已经启动了一个超级智能社会计划，在这个计划中，人工智能、机器人和大数据将变得无处不在，从而改变公民的生活。然而，对于访日游客来说，印象深刻的可能是一些较小的东西：温暖的马桶座圈、准时运行的列车，或者可以自动派送行李箱的机场行李传送装置。异想天开但可靠的日本技术总是让人大开眼界。

从地图开始

探索创新的日本

无论是加热桌还是防震自动售货机，创新技术在日本随处可见。若想一览日本古今的科学和工程，最好选择大城市或其附近的博物馆，比如东京的日本科学未来馆和名古屋的丰田产业技术纪念馆。另外，像筑波科学广场这样的研究中心也会让你领略未来科技的风采。

激动人心的声音

因其艺术博物馆而闻名的直岛也是魅力十足的声景艺术装置所在地（第110页）：珍妮特·卡迪夫（Janet Cardiff）和乔治·布雷斯·米勒（George Bures Miller）的作品《风暴屋》（*Storm House*）再现了日本传统住宅内的一场“风暴”。

^岛屿连接

连接本州神户市和淡路岛的明石海峡桥是一个工程奇迹（第98页），主跨近2千米。

4.2米

日本各地都有自动售货机，大约每30人就能拥有一台。

<工业巨头

日本的工业中心地以名古屋为中心，包括丰田产业技术纪念馆以及丰田会馆。在这里你可以参观由工业机器人（第107页）组成的超高效装配厂。

离开地球

日本隼鸟号太空探测器是第一个成功从深空小行星上取回样本的探测器。

前沿科技

筑波科学广场是日本产业技术综合研究所的一个创新展示区，也是一个主要研发中心。在这里可以看到机器人技术（第107页）和其他前沿科技展览。

天气防控

首都圈外郭放水路是保护东京的地下防洪设施（第100页）。参观这座壮观的建筑就像参观一座外太空大教堂。

创新中心

东京台场的人工岛上有日本科学未来馆、展示未来生活技术的东京松下中心以及任天堂游戏区。

旅行的未来

下一代磁悬浮新干线的时速将达到500千米，几乎是目前新干线速度的两倍。可以在山梨县磁悬浮展览中心观看试运行（第99页）。

舒适体验？

在日本，马桶可以有多达30个控制按钮，功能包括坐浴盆和座椅加热器。

>东京天空树俯瞰整个东京。

工程奇迹

打造前沿美

日本的工程师梦想远大，从超高速列车到有助于长寿的建筑，日本自19世纪末开始现代化以来，一直处于工程设计的前沿。

日本是一个多山的群岛国家，容易发生地震和台风，不仅在基础设施建设方面面临巨大挑战，而且自然资源也很少。因此，日本人不得不适应、设计、制造和出口以寻求繁荣之路。对高质量工艺的执着和对大型长期项目的投资意愿造就了一个拥有良好基础设施和发展尖端技术的现代化国家。革命性的技术可能诞生于国外，但日本人会根据需要对其加以改造，往往会产生创新性成果。例如，1993年左右万维网于美国推出，但6年后，日本移动运营商NTT DOCOMO推出了i-mode，这是世界上第一个允许手机用户上网和发送电子邮件的服务。

连接人与地方

显著体现日本工程实力的例子之一就是铁路系统。东海道新干线高速列车

发现东京的高与低

你可以前往大都市地下排水渠的深处以及东京天空树的顶部（如图），以此追溯东京的工程实力。前者每天开放参观，而后者则可以从观景台上360度俯瞰城市。

东京天空树是日本最高的建筑物

^新干线连接东京和日本大部分主要城市。

最高时速可达285千米/小时，包括东京和大阪之间以惬意的2小时22分钟跨过515千米。它的日载客量为36万人，但每列运营列车的平均年晚点时间不到30秒。自1964年以来，东海道新干线已经运载了超过100亿名乘客，从未发生过致命事故。稳居首位的运营商JR中心现在正在建造“中新干线”，这是计划时速为500千米的磁悬浮列车线路，连通东京和大阪只需一个多小时。

›首都圈外郭放水路是防洪体系的重要组成部分。

具有挑战性的环境

在日本，地下空间在调节河流水位方面起着至关重要的作用。东京郊外有首都圈外郭放水路，又称G-cans工程。这个庞大的下水道系统耗资2300亿日元，于2006年建成，其设计目的是让东京能够应对台风和严重的雨季，而这正是东京的天气特征。该系统由五个巨大的筒仓组成，这些筒仓通过一条6.3千米的隧道连接起来，通向一个巨大的地下储罐。这座庙宇般的建筑，长177米，宽78米，高25米，可以在一秒钟内泵出相当于奥运会游泳池的蓄水量。

东京天空树是世界上最高的独立广播塔，有634米，从日本数百年来五层塔楼的建造技术中汲取了防震的灵感。塔的中心柱并不支撑任何楼层，而是充当一个平衡块，起到一定的防震作用。同样，东京天空树的核心柱与周围的钢架分开建造，还安装了油压减振器，以便在发生地震时可以吸收震动。就像真树一样，东京天空树具有钢筋混凝土节点的深50米地基，以丛生形式扎根。

人口压力

在日本人口稠密的城市，土地价格是天文数字，寻找建造房屋的空间是一个棘手的难题。因此建筑师设计出“瘦房子”。其中最著名的是安藤忠雄1976年在大阪建造的“住吉的长屋”。这座简单的混凝土建筑只有3米多宽，没有窗户（为了保护隐私），通过一个中央开放的庭园让光线进入。最近的一次更迭是无印良品的预制垂直住宅，占地面积只有50平方米。这座三层楼的住宅没有内墙和门，通过中央楼梯分隔房间。

城市建筑空间的不足也意味着公园和公共绿地的设计受限。解决方案之一是设计最大化的绿色空间建筑。例如九州岛福冈市的Acros大厦，其绿色屋顶看起来像当代的巴比伦空中花园，有助于保持室内温度恒定，降低建筑的能耗。

^福冈县福冈市的Acros大厦的绿色屋顶是公共公园的一部分。

> 解决方案之一是设计建造绿色建筑。

循环系统

Acros大厦的绿色屋顶
收集雨水，
供应给其上的动植物。

人口老龄化问题促成了日本建筑的独创性设计，比如位于东京郊区的三鹰市“天命反转住宅”。这个彩虹色的公寓大楼由立方体、球体和管子组成，单元内设有下沉式厨房、多层房间、天花板上的电源插座以及角度奇怪的窗户和墙壁。这个奇特建筑旨在通过刻意的设计给予住户持续的刺激，以延长寿命。

^荒川修作和玛德琳·金斯（Madeline Gins）设计的“天命反转住宅”旨在重新定义老年人的生活。

小物件

改善日常生活

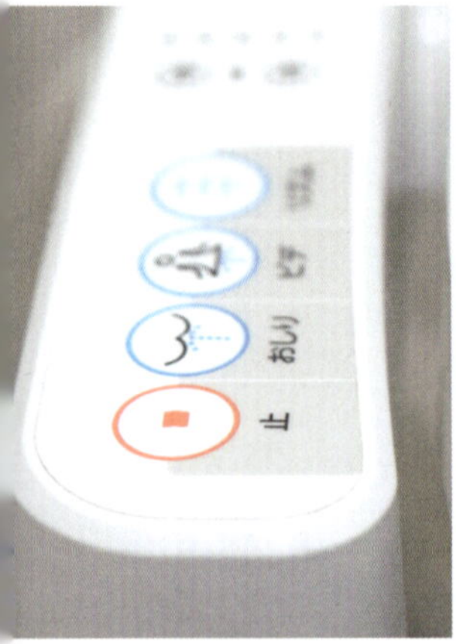

^抽水马桶座位旁边有面板控制。

日本家居用品和个人用品主要是为了便利清洁和解决常见问题，它们往往很有趣。虽然局外人可能会认为像日本三科公司（Thanko）的“全脸花粉阻断剂2号遮阳帽”是“古怪的”，但日本人更喜欢将其描述为“加拉帕戈斯”产品。这些非同寻常的本土技术往往难以在海外立足，这使它们成为日本的独有产物，就像加拉帕戈斯群岛上进化的物种一样。

神奇的电器

日本的家电制造商在应对激烈的国内竞争的同时，也一直在追逐尖端产品。从冬季加热用的简单被炉到先进的感应加热电饭煲、自动鞋子除臭机、人体扫描浴室秤和蒸汽吸入器，日本家庭中充满各种令人惊讶的产品以方便日常生活。

公共卫生

1980年，东陶（TOTO）的卫洗丽系列革新产品推出后，日本马桶拥有了曾经做梦都想不到的清洁和舒适功能。有的马桶控制面板上有几十个按钮，它们可以做很多事情。从自动打开盖子到加热座椅、清洗干燥，每次使用后在马桶内喷上一层薄雾，所有这

日本发明

^卡拉OK机

音乐家井上大辅发明的卡拉OK机在全球掀起了一股热潮（第158页）。

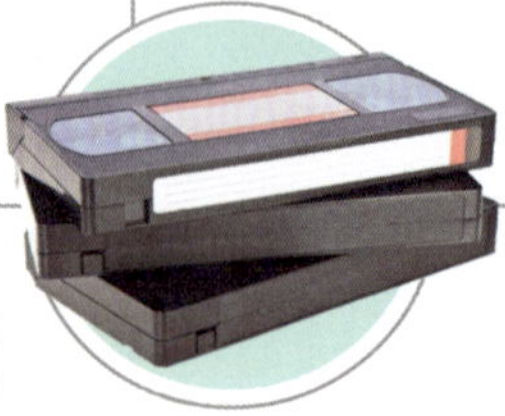

⌄VHS格式

日本JVC公司首创的VHS格式在20世纪80年代成为家庭视频系统的首选格式。

笔记本电脑

爱普生开创性的HX-20型号笔记本电脑配备了全尺寸键盘、LCD显示屏，甚至还有打印机。

^自拍杆

最初命名为“延长棒”，第一个获得专利的自拍杆于20世纪80年代在日本发行。

些都是为了节约用水。使用日本洗手间时，每次都会听到“音姬”的声音，这一音频设备可以播放马桶冲水或水流声，以保护人们如厕时的害羞。

^大头贴机是日本年轻人文化中不可缺少的一部分。

照片乐趣

为了纪念旅日的时光，你可以使用日本的大头贴机拍大头贴。你可以和朋友们在这些精心设计的摄影棚里合影，在大头贴打印之前，用各种各样的自动编辑和添加功能来修图，流行元素包括化妆和时尚要素。随着编辑功能越来越复杂，大头贴机体积也越来越大，有的甚至和小型车一样大。日本大头贴机于20世纪90年代推出，由日本流行音乐偶像组合SMAP普及，在日本各地的购物中心都能找到大头贴机，广受少女欢迎。也有一些专门的大头贴机店铺会提供服装，供客人拍出华丽的照片。

珍道具

川上贤司可谓当之无愧的“奇葩”发明大王，他创造了无数奇怪发明。这些发明的目的是促使人们思考，或许还能让人发笑。这些奇葩发明有为过敏患者准备的头戴式卫生纸分发器、为匆忙赶路的行人提供的便携式斑马线，以及为需要挂东西的通勤者设计了系着马桶撅子的地铁把手。川上认为这是一种艺术形式。

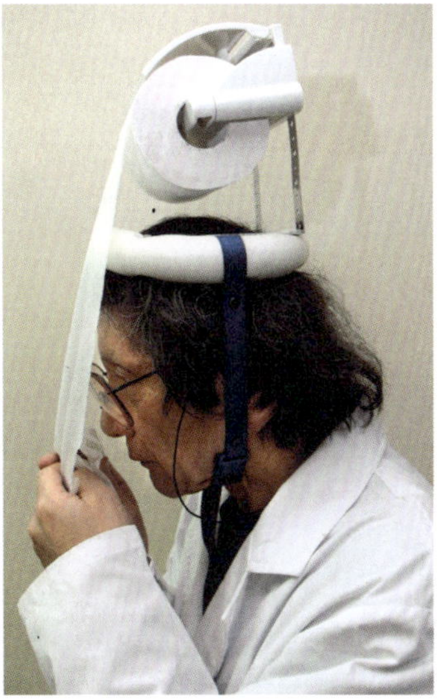

计算器

第一个电池充电的手持电子计算器是佳能的口袋电子计算器（Pocketronic）。

^随身听

索尼的随身听彻底改变了人们听音乐的方式，销量惊人高达2亿。

^从左到右：甚至在乡村中也能找到自动售货机；24小时都可以使用，自动售货机是方便的缩影；饮料是最常见的商品。

便利

从火车站到稻田再到富士山的山顶，在日本的任何地方都能找到自动售货机。日本拥有世界上密度最高的自动售货机，大约每30人就能拥有一台，为人们提供日常用品。在一个人口稠密、零售店店面昂贵且有限的国家，自动售货机24小时营业，非常便利。

面向未来

除了种类繁多，日本的自动售货机还采用了先进的技术。日本JR东部水务公司（JR East Water Business）开发的Acure数码自动售货机拥有许多智能功能。在神奈川站和东京周围的其他地方，它们都有触摸屏显示器，通过内部处理器可以智能识别顾客的年龄和性别，从而推荐合适的饮料，还可以通过智能手机应用程序给朋友送饮料。不同于其他机型，它们还接受通过智能卡进行无现金支付。

为了应对日本频繁地震造成的停电和其他服务中断，自动售货机也变得更加灵活。有些机器在停电时可以用电池供电或用手摇曲柄操作，还有一些机器则在灾难发生时免费发放饮料。2011年

<富士山山顶的自动售货机为徒步旅行者提供点心。

有些机器会在灾难发生时免费提供饮料。

东日本地震破坏了电力供应，引发了人们对自动售货机用电的重新思考。例如，真空绝缘的自动售货机可以在11个小时内不冷却运行，被誉为日本最节能的机器。日本三得利公司的环保机型采用热泵技术，仅需原有机型一半的电力。与2005年相比，2017年所有机器使用的能源下降了62%。

应有尽有

硬币孔和商品标价是自动售货机常见的标志。还有售卖其他物品的机型，你可能会从中买到电池、伞、眼镜、花束、神道护身符和内衣。特别受欢迎的是售卖胶囊玩具的“扭蛋机”，日语叫作“ガチャポン”（音译：嘎嚓轰），这个名字来源于扭蛋机的声音。从微型东京塔和哥斯拉到假寿司和猫帽，你能想到的任何玩具它都可能“吐”出来。扭蛋中最受欢迎的是“杯沿上的缘子小姐”系列产品，这个可以摆出各种可爱姿势的OL模型，销量超过了2000万个。

日本近60%的自动售货机出售饮料，包括啤酒、清酒、牛奶和绿茶。食品是一个较小的销售类别，但有一些引人注目的商品。你可以买香蕉、米饭、饭团、纳豆、章鱼、比萨、热狗和方便面。如果你去熊本县，连巧克力涂层的蚱蜢和其他昆虫零食都能买到。

1603—1868年

江户时代，西方的时钟技术被应用于制造机械自动装置，如今被认为是日本机器人的先驱。

1928年

西村真琴公开了3米高的“学天则”机器人，被认为是日本有史以来建造的第一个机器人。

1952年

手冢治虫的《铁臂阿童木》首次作为连环画在《少年周刊》（*Weekly Shonen Magazine*）上刊登。

2013年

34厘米高的Kirobo［名字源于Kibo（在日语里意为希望）和robot（机器人）］成为第一个被送入太空的人形机器人。

2014年

软银机器人公司的机器人胡椒（Pepper）有一个情感识别系统，可以检测人类的感受。

2017年

日本GrooveX公司的“卡哇伊”（第124页）机器人被抱着的时候会发出咕噜声并闭上眼睛，这进一步推进了日本机器人温暖和可爱的风格。

1970—1973年

WABOT-1是世界上第一个全尺寸人形机器人，能够行走、抓握物体和交谈。

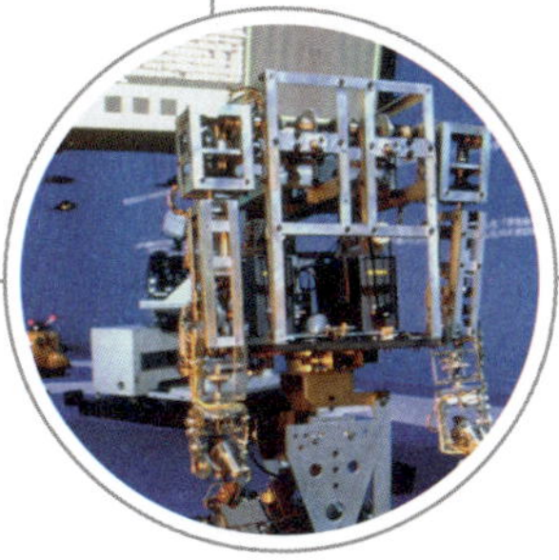

1996年

本田发布了P2，
第一个能够真实运动的
仿人机器人。

1999年

索尼公司推出了一款可爱的机器人狗“爱宝”（Aibo），它的设定是同伴角色而不是玩具，在2017年回归。

2000年

智能机器人“阿西莫”（Asimo）会走路、跑步、多语种交流，还会端茶。

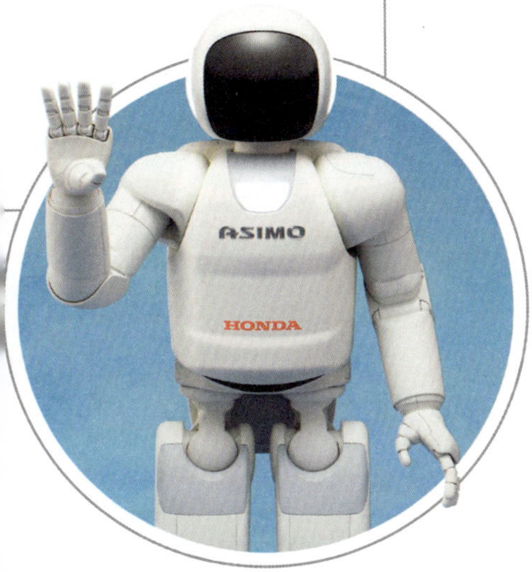

机器人的进化

智能机器的发展

日本喜欢机器人，它是世界上自动化程度极高的国家之一，在制造业和其他应用领域的智能机器开发方面处于领先地位。先进的仿人机器人正在日本的商店、展厅和信息中心工作，让世人一窥未来的景象。这种对机器人技术的喜爱根植于历史悠久的工匠精神和对日本科幻小说的尊重。在日本科幻小说中，机器人常常被描绘成人类英雄般的朋友——手冢治虫笔下的阿童木，这款拥有灵魂的超能力机器人，激励了一代又一代的日本工程师将手冢的梦想变为现实。

>东京的“电玩城”秋叶原是电玩爱好者的宝藏。

电子游戏

艺术、故事和技术

很难想象电子游戏世界没有日本的参与。这个国家不仅创造了无数的标志性人物，还彻底改变了人们的游戏方式。像任天堂、世嘉和索尼这样的公司家喻户晓，他们的产品在全球有数百万人使用。成功的关键在于日本能够创造出集艺术、故事和直觉交互技术于一体的电子游戏。

> 电子游戏世界
> 没有日本的参与简直不可想象。

20世纪70年代末日本便引入了街机游戏，但其直到1983年才真正在日本崛起，当时大量的不良游戏导致了美国家用游戏机市场的经济低谷。同年，任天堂的家用游戏机Famicom在日本上市。几年后，任天堂在日本以外的地区发售家用游戏机NES，它不仅以高质量的游戏恢复了美国的电子游戏市场，还带来了一个由日本游戏公司主导的时代。

创新是日本游戏公司最擅长的，比如Famicom和NES避开了雅达利风格的手柄，采用了十字方向键。后来任天堂的手柄设有肩键、类比摇杆和触觉反馈功能，所有这些都是现代游戏机的标准配置，甚至是其竞争对手的产品。

<任天堂游戏机依然在全世界流行。

玩游戏

一个电子游戏玩家的日本之行，必须要去东京御宅族圣地秋叶原或者大阪的“电电城”。像“超级土豆”（东京和大阪都有）等复古店铺也值得一看，里面有以前的经典游戏机和游戏，最新版本可以在大型电玩城找到。

日本的电子游戏突破了硬件和图形的界限，游戏技巧只是游戏的一部分。日本创造了像马里奥和刺猬索尼克这样受人喜爱的角色，并开发出了一些真实动人的故事游戏，比如PlayStation的《最终幻想7》。日本还普及了新的游戏方式，如音乐游戏和健身游戏，并创造了不同的游戏类型，如《生化危机》等恐怖生存游戏和《王国之心》系列等以故事为主的日本角色扮演游戏。

开创性游戏

>《吃豆人》(1980年)

最初名为“Puck Man”，吃豆人是第一个引起公众关注的游戏角色，“吃豆人热”成为十大热门事件。游戏中的反面人物幽灵会在一天中展示他们不可思议的人工智能技术。

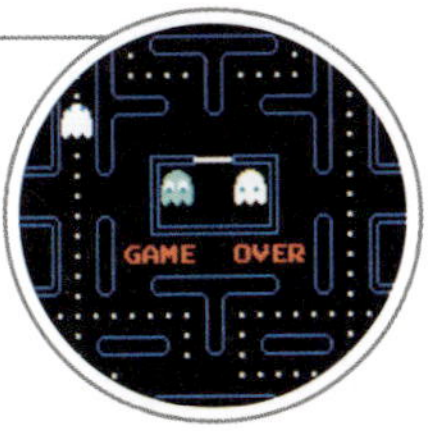

<《街头霸王II：天下斗士》(1991年)

虽然它不是第一款格斗游戏，但这款游戏复杂且专业，堪称游戏界的标杆，激励着玩家掌控难忘的角色。

>《神奇宝贝红·蓝》(1996年)

第一款《神奇宝贝》在全球掀起热潮。它满足了室外游戏的需求，为现代智能手机游戏奠定了基础。

<《超级马里奥64》(1996年)

这款游戏与《塞尔达传奇：时之笛》一样，以尖端的3D图形为特色，给予玩家新的自由探索游戏中的三维世界，而不是将玩家局限于一个线性的二维世界。

>《最终幻想7》(1997年)

首次利用PlayStation平台的CD-ROM格式，为角色扮演游戏提供了参考标准，包括电影般的3D场景、史诗般的故事和优美的音乐。它甚至成为一部故事片的灵感来源。

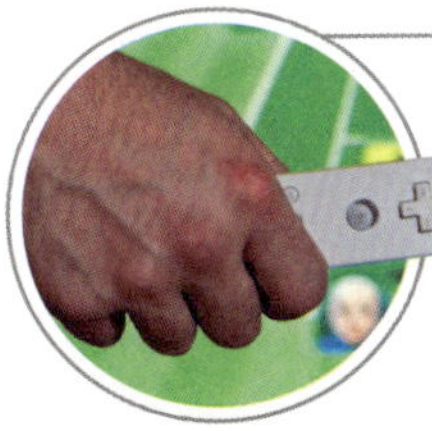

<《Wii运动》(2006年)

任天堂凭借其操作方便的移动遥控器引领了新的潮流。Wii并不是一款高性能、高清晰度的游戏机，它证明了视频游戏的成功不仅取决于好的图像，还取决于好的创意。

声景

声音之旅

铃铛的叮当声在神社和寺庙里很常见。

摇铃

无处不在的环境声音是日本文化精髓的重要组成部分。1996年日本环境省甚至在一次新的环保行动中，根据公众提交的资料列出了“日本100声景”。日本的多样性令人惊叹：自然与人工、怪异与有趣、精神与商业。从流动的水声、嘶嘶的蒸汽声、流动的浮冰声、当地的动植物之声到寺庙钟声、轮船汽笛声、古老工艺品发出的声音，声景无处不在。欣赏自然和历史的声景反映了日本人对声音的开放态度，这使得创新的实验音乐和听觉艺术装置成为文化景观的重要组成部分。

‹古老工艺之一的编织出现在“日本100声景”的名单之中。

听觉盛宴

日本许多令人回味的声音都可以在家里舒适地欣赏，但当你实际体验时，感触最深。

声音装置

日本擅长当代艺术作品的创作，而声景艺术一直是该国极具创造性的创作之一。代表艺术家池田亮司的表演和装置结合了声音、视觉和数学符号。日本艺术博物馆的藏品中也有大量的音响装置，都以录制的日本传统声音为特色。例如克里斯蒂安·波尔坦斯基（Christian Boltanski）的《低语的森林》(*La forêt des murmures*)、珍妮特·卡迪夫和乔治·布雷斯·米勒在香川县“直岛贝尼斯艺术之地”创作的《风暴屋》。黄色魔法管弦乐队、坂本龙一和小山田圭吾等人对声音进行独特的编排，艺术和实验进一步渗透到音乐世界中。

国宝

在日本，无论你走到哪里，停下脚步静静聆听，都能找到一个声景。日本环境省公布的声景名单上居于首位的声音是鄂霍次克海的流冰，但更容易接近的目的地有京都府京丹后市的琴引滨鸣沙之声、北海道札幌的钟楼钟声，以及鹤居村丹顶鹤的喧闹声。极为有趣的声音之一是位于京都二条城的鹂鸣地板，这个警报系统为了防备武士偷袭而设计，当人们走在上面时，地板会发出啁啾声。

在日本，无论你走到哪里，
停下脚步静静聆听，都能找到一个声景。

^顶部：鄂霍次克海的流冰声是日本最受喜爱的声音。
上方：坂本龙一是日本著名的实验音乐家。

日本创意

日本是一片反差之地：传统和创新的独特结合催生出新颖迷人的潮流，这些潮流不断影响发展并激发新的灵感。创新的日本广泛汲取了过去的精华，如丰富的精神、艺术形式和传统美学等。有时这种演变是清晰的，就像从19世纪的木版画到战后的流行艺术和漫画。在其他情况下，日本传统的继承更加微妙，可以追溯到深层的内在价值，比如现代建筑中对自然的敬畏，或者现代产品设计中的简约主义。任何一种灵感都是基于对这些传统的又一次创新，日本因此成为世界艺术表达舞台上的关键成员。

从地图开始

探索日本创意

平常沿着街道走一走就能感受到日本的创新精神，它就像一个看得见摸得着的实物。它体现在令人惊叹的建筑设计中，海报和广告中可爱的吉祥物，商店橱窗里陈列的时尚、高级、别致的家居用品。整个日本仿佛变成了一个陈列最新作品的画廊，展现着日本富有影响力的艺术和风格。

和服京都

如果你一直对传统的日本服装（第127页）着迷，那么京都绝对是个好去处。和服租赁是这里的主要生意，有很多地方可以试穿这些优雅的传统长袍。

爱上熊本熊！

熊本熊是熊本县的吉祥物。可以在熊本广场与这个魅力十足的著名吉祥物合影。

对和平未来的憧憬

参观建筑师丹下健三的作品——广岛和平纪念馆（第116页）。这座博物馆是对日本传统陵墓形成的现代化改造。

日常阅读

世界上发行量最高的日报
是日本的报纸，
第二位也是日本的报纸。

北海道的内与外

在北海道现代艺术博物馆，你会发现令人惊叹的日本现代艺术。附近是雄伟的雕塑公园莫埃来沼公园（第121页）。

动漫世界

日本富士急乐园有几个区域专门播放人气动漫。

动漫景点

购物要去东京三大宝可梦中心之一，可以在那里拍摄精彩的表演，挑选当地绝无仅有的商品（第134页）。

±0

深泽直人的±0系列家居用品为烤面包机、咖啡机、时钟和耳机等产品带来时尚的现代设计。

^1972年建成的中银胶囊塔的积木风格让人联想到有机细胞，新陈代谢理念变得可视化。

建筑潮流

传统与现代的“联姻”

日本传统的木制建筑与如今覆盖全国的混凝土、玻璃和钢铁制品之间的联系可能不太明显。但仔细看，你会发现日本制造的严谨与匠心。无论是纯粹的极简主义，还是天马行空的想象，巧妙的设计和自然材料的创新运用使得日本现代建筑独树一帜。

新陈代谢

日本建筑史上影响深远的大事之一是“新陈代谢运动”，这是战后日本兴起的一个建筑运动，它将具有前瞻性的建筑师引入一条新的道路。在具有远见卓识的建筑师的引领下，如槇文彦、丹下健三和黑川纪章等，“新陈代谢运动”将城市视为不断变化的实体，它需要像人体一样生长发育。你仍然可以在东京看到黑川标志性的中银胶囊塔，它是“新陈代谢派”为数不多的现存代表作之一。入住这家超现代且设计巧妙的胶囊旅馆，你可以体验这次运动留下的永恒遗产。第一家黑川大阪胶囊旅馆于1979年开业，深受新陈代谢观念的影响。

回归自然

在日本，一些叹为观止的当代建筑将天然材料与超现代设计相结合，创

东京直冲云霄的塔楼

东京塔（1958年，内藤多仲）。这座明亮的广播塔是日本战后繁荣的象征，也是矗立在东京高楼之中的重要地标。

东京都政府大楼（1990年，丹下健三）。这座双塔建筑大楼（左）是日本的标志性景观。

东京天空树（2012年，日本日建设计）。塔楼的照明设计秉承了奢华与优雅的传统审美理念，与新未来主义风格形成鲜明对比。

造出新颖而传统的建筑。其中许多灵感都源于大自然，因为日本从古至今都乐于欣赏自然和四季。

探索现代建筑奇迹

实家小屋 这个私人养老院坐落在静冈县一个森林环绕的山顶上，5个圆锥顶小屋由雪松板搭建而成。日本建筑大师须磨一清为其母亲及母亲的朋友设计，他们还将它用作一个社区咖啡厅。

茶室“彻” 山梨县北杜市清春艺术村的这一茶室由日本建筑大师藤森照信设计而成。它将传统材料的运用提升到了一个新的水平，房屋架在一根起着支撑作用的柏树树干上，在暴风雨和地震中能安全地摇摆。藤森的其他绿色生态设计还包括种植松树的烟囱、屋顶摆放盆栽蒜苗和韭菜的房屋。

丝带教堂 日本NAP建筑事务所设计的获奖作品丝带教堂，位于广岛县尾道市贝拉维斯塔温泉浴场的花园里。灵感来自一条飘带，两个螺旋形的楼梯相互交织，相互支撑，这个视觉设计隐喻着婚姻。

⌄设计巧妙的丝带教堂将地面和空气等元素联系在一起。

›日本的“素雅之美”概念已经从传统的民间工艺迁移到了现代设计中。

现代风格

简约优雅

在这个快节奏的世界里，家居用品和家具设计往往注重功能性和实用性。然而，“素雅”（渋い）、“粋”（第73页）等日本传统的审美观念，仍然对当代设计师产生了深远的影响。这些风格的保留使日本产品在艺术性和日常性之间取得了很好的平衡，这意味着即使在全球大规模生产的时代，日本设计依然拥有一席之地，甚至脱颖而出。

日常艺术

若想把家里某处变成一个现代时尚画廊，同时保留可利用空间，那么可以寻找一些Nendo工作室的作品。这个屡获殊荣的日本设计工作室由佐藤大于2002年成立，从家具、生活用品到平面设计，无所不包。

民间工艺复兴

常规来说，日本传统工艺背后的生产方法和细心制作应该很容易在20世纪初工业变革的年代消失。但是传统风格的陶瓷、纺织品和其他日常手工艺品现今仍以民间工艺的形式存在。这才是真正的人民艺术，很多民间手艺人通常都是默默无闻的。

这主要得益于柳宗悦（1889—1961年）在20世纪20年代发起的民艺运动，使传统设计得到了保护。柳宗悦珍视艺术理念，崇尚日常用品的简单实用，尤其是便宜、实用、质朴的工艺品。1936年，他收集了一些重要的物品，在东京建立了日本民艺馆，这里是欣赏民间经典手工艺品的最佳去处。

来自国外的影响

一些设计师精心运用着日本传统

‹命名为“蝴蝶凳”是因为其形状流畅、曲线优美，让人联想到翩翩起舞的蝴蝶。

现代设计的缩影

无印良品创立于1980年，现已成为当代日本设计的代表性品牌。他们的产品采用自然的色彩和美观的设计。其产品包括家具、服装和文具，以别致简约的设计和不加品牌标志而闻名。自2001年起，无印良品的艺术总监一直是设计师原研哉，他将公司的精神带到了酒店和预制房屋等新的商业领域。

元素，一些艺术家也试图在更深入的领域探求灵感。柳宗悦的儿子柳宗理（1915—2011年）本身就是一位著名的设计师。他最著名的作品“蝴蝶凳”，结合了日本折纸艺术与美国设计师查尔斯·伊姆斯（Charles Eames）和蕾·伊姆斯（Ray Eames）开发的胶合板成型技术。柳宗理优雅的现代设计还受到了勒·柯布西耶（Le Corbusier）和夏洛特·贝里安（Charlotte Perriand）的影响，他在20世纪40年代曾在二人的工作室工作过。

›与手工艺人一样，无印良品的设计者通常是匿名的，以保持其无品牌标志特点。

现代艺术

重新定义艺术

日本的现代艺术诞生于二战的灰烬中。彼时全国范围内开始重建工作，获得解放的艺术家们也重新创造艺术概念。新一代创作者们拥抱表演艺术，探索超现实主义等具象运动，避开传统画廊，选择街道、舞台和屏幕。这些前卫大胆的行动使得日本拥有了鼓舞人心的艺术力量。

波普艺术革命

日本的波普艺术起源于20世纪50年代的实验性艺术舞台。在一个同时经历文化审查和巨大破坏的社会中，战后前卫的流行艺术家是变革和自由的巨大力量，为新一轮的艺术浪潮增添了文化趣味。

如今日本波普艺术已成为一种文化符号。村上隆的彩虹色绘画、雕塑和设计被路易威登和三宅一生等时装公司所采用，他的波普艺术风格进而成为真正的全球现象。

先锋摄影

日本艺术家们几乎从摄影诞生之际就爱上了它，但二战期间，只有部分新闻摄影才被允许。一些极具代表性的

⌄神奈川县箱根露天美术馆。

^村上隆《五彩太阳花》，2012年。

摄影师在那个时代仍然活跃，如土门拳。二战后，许多艺术家重新开始摄影。他们投入到当下自由的艺术氛围中，通过不同媒介专注于探索新的主题，土门拳改变了摄影的目的和过程，赢得了国际声誉。

在20世纪60年代末，先锋摄影杂志《挑衅》(*Provoke*) 推动了森山大道的事业。森山通过捕捉平凡的美，运用街道场景创造了颠覆性的叙事作品，并邀请观众参与其中，打破了街头摄影的界限。

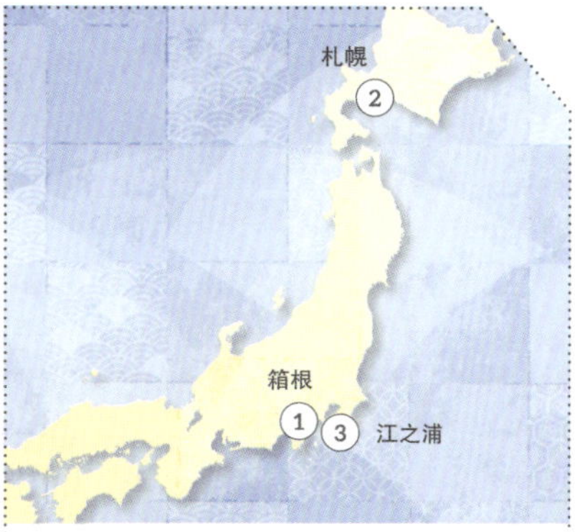

户外艺术

自然界和四季一直是日本艺术家们的灵感来源。这里有三个最好的景点来体验艺术与自然的完美融合。

① 箱根露天博物馆 箱根露天博物馆位于神奈川县的温泉度假胜地箱根，1969年开放时，这个公园成为日本各地同类景观的范本。花园里散落着数以百计的风格大胆的作品，这些作品来自当地艺术家及国际艺术家。

② 莫埃来沼公园 这个公园位于北海道札幌郊区的一个废旧垃圾填埋场。来到这里可以探索艺术家们如何将人造装置与自然元素相结合，创造出巧妙而富有戏剧性的艺术作品。

③ 江之浦测候所 神奈川县的这一景观是著名摄影师杉本博司的匠心之作。从天文台俯瞰相模川，就像走进了他的非凡的海景摄影作品之中。

草间弥生

圆点先锋

草间弥生以其圆点画和大型装置而闻名于世，是20世纪60年代的一位重要的流行艺术家。早期的她在战后日本寻求创作自由，奇特的表演艺术和富有创意的绘画作品使她在国际上声名鹊起。

草间弥生色彩鲜艳的圆点装置探索了规模和无限的概念，许多灵感来自她的焦虑和抑郁经历。对图案的重复使用暗示了她的强迫症和幻觉，在这种幻觉中，她看到了周围事物的表面上残留的难忘影像。

你可以在很多画廊里找到草间弥生的作品。世界最著名的草间弥生博物馆在东京，欣赏她的作品的最佳选择是参观日本香川县的“直岛贝尼斯艺术之地”。在这里，草间弥生的南瓜雕塑等作品遍布全岛，创造了一个大胆而富有想象力的世界，在那里艺术至高无上。

>从左到右：凯蒂猫（Hello Kitty）已经成为一个全球性的卡通人物；三丽鸥公司价值约620亿美元；Piipo君［名字取自人民（people）和警察（police）的英文发音］是东京警察的代言人；1000多个吉祥物参加了一年一度的吉祥物大奖赛。

“卡哇伊”

可爱的力量

糖果色图画书“卡哇伊”美学对日本设计行业的影响非常深远。卡哇伊风格已经应用于各种各样的产品和图像，如魅力十足的时装、可爱的人物角色、吉祥物装饰、手包、新干线等。

卡哇伊的诞生

在20世纪五六十年代漫画（第134页）逐渐流行，日本年轻人开始接受夸张可爱的人物角色。对这些角色的喜爱渗透到消费文化，全球可爱女王凯蒂猫由此诞生。为了通过人物角色宣传三丽鸥公司的时尚与生活产品，清水侑子在1974年设计了这只小白猫。现在三丽鸥公司及粉丝们最喜欢的角色有兄妹二人组的双子星和懒蛋蛋。三丽鸥的设计和营销非常成功，甚至开展了一个以虚拟男子高中生角色宣传公司产品的多媒体企划（即《三丽鸥男子》）。该企划衍生出同名舞台剧、漫画以及动画。

卡哇伊风格

去东京原宿旅行，拥抱可爱的一切，在那里你可以挑选出与日本卡哇伊文化相关的小纪念品，也可以买一些卡哇伊风格的衣服，将更多可爱带入生活。著名的原宿街头风依然存在（第131页），同时带来了更多的商业活动。值得游览的精品店和商店有三丽鸥专卖店（vivitix）和多层公仔玩具店“儿童世界”（Kiddyland）。另一个地方是6%DokiDoki（DokiDoki在日语中代表心脏跳动的声音），这个时尚空间售卖色彩鲜艳的时尚配饰。这个五彩缤纷的精品店

NHK的多摩君是日本有名的吉祥物之一。

多摩君

是美术总监塞巴斯蒂安·增田（Sebastian Masuda）的创意。他的创意还有世界各地的凯蒂猫透明雕像，雕像里面塞满了个人物品，是“时间胶囊”艺术项目的一部分。

吉祥物

日本对卡哇伊的喜爱已经被企业和机构所接受，他们创造了自己的吉祥物，类似于运动队的吉祥物。这些吉祥物被称为“ゆるキャラ”，意思是“松散的或放松的角色”，全国各地都能看到它们。有些是公司角色，从国家广播公司NHK到东京警察；还有一些是由地方当局为推动旅游业而创造的。

在一年一度的吉祥物大奖赛上，公众可以投票选出他们最喜欢的吉祥物。虽然这一活动轻松有趣，但对于公司来说，这也是一件严肃的事情，获胜者通常会从各种宣传活动中获得巨大的收益。

日本对卡哇伊的喜爱
已经被企业和机构所接受。

和服艺术

展出和服展品的博物馆有山梨县河口湖町的久保田一竹美术馆和东京的纪尾井美术馆以及青梅和服博物馆。

‹从左上方沿顺时针方向：东京时装周是展示日本时尚风格的窗口；女性和服的材料通常由手工制作而成；原宿女孩以鲜艳夸张的风格而闻名。

时尚

从典雅到前卫

几个世纪以来，和服一直占据日本时尚中的主流，但在20世纪西洋服装引进之后，日本时尚界发生了巨大的转变。无论是通过传统服装汲取灵感，还是对传统服装形成新的反叛精神，设计师和时尚人士现已创造出了一系列惊艳的现代日本风格。

复杂的简单

日本的传统服饰“和服”可以追溯到公元700年。它是地位的象征，优质的材料如丝绸留给贵族，棉麻留给大众。身体被遮盖的部分越多，地位就越高。工人们会穿更简单的衣服，但他们的服装仍会有包裹和折叠的部分，这个着装技巧的灵感来自中国，日本人已熟练掌握。

和服的穿法很复杂，需要分层、进行传统方式的折叠以及仔细搭配配饰。通常会先让和服紧紧地贴在身体上，将左侧衣襟压在右侧衣襟上面（已故者是右襟压左襟），然后在合适的位置绑上腰带，再将其他配饰戴好。穿和服通常需要和服师的帮助，尤其是女性和服。

如今，很少有人会在平时穿和服，但在京都的街道和传统的城镇如高山市（岐阜县）和温泉街（第211页）上，可以看到身着和服的人。人们也会在庆典上穿和服，例如“七五三节”（三岁、五岁和七岁的庆祝仪式）、“成人礼”（20岁成年）和婚礼，以及节日、茶道和赏樱时节（第14页）。

解构优雅

20世纪末，新的制造商开始出现，他们从以往精致设计的土壤中汲取灵感，采用独特的服装构造方法。基于日本几个世纪对材料的巧妙运用，一个躁动不安的年轻人富有创意地利用传统的垂坠、折叠、褶皱和配饰等，创造出一种具有冲击力和创新力的另类时尚。日本设计师在时装史上上演了一场场令人震惊且具有反叛精神的时装秀，比如时尚品牌COMME des GARÇONS（法语，意为“像个男孩”）1982年的春季系列。简单来说，日本设计师改变了时装的形态。

富有远见的设计师

以下几位设计师打破了服装与艺术之间的界限，他们是日本时尚界最具影响力的人物。

三宅一生 “三宅褶皱”将褶皱变成了一种标签。他设计的服装既耐穿又精致，为所有年龄段的男性和女性提供了一种优雅且永恒的外在美。

川久保玲 Comme des Garçons品牌的作品，是日本青年文化中反叛和创新精神的剪影。她设计的衣服棱角分明、破破烂烂，统一而飘逸，能让人看起来超凡脱俗，完全不同于其他任何衣服。

渡边淳弥 渡边淳弥曾是川久保玲的助理（负责制版工作），他追随着川久保玲的脚步，成为时尚界的创新者。他用合成纤维和科技打造出未来派的可穿戴艺术。

山本耀司 在成为世界上最著名的设计师之前，这位心灵手巧的高级裁缝还学过法律。他像折纸一样的结构化服装使得日本前卫派在世界舞台上大放异彩。

时尚达人

随着东京和大阪成为全世界时尚人士的热点，街头时尚也开始影响设计师。如今的时尚偶像在社交媒体上拥有大量的粉丝，其中包括酷酷的日本奶奶惠美子（Emiko Mori），喜欢穿着用钩针编织的五颜六色的衣服。东京女孩可可粉公主（Coco Pink Princess）是一个喜欢混搭的小女孩，她喜欢将高端品牌和二手货混搭在一起。还有邦先生

⌄从左到右：渡边淳弥的设计被形容为“技术时装”；川久保玲的Comme des Garçons创作启发了世界各地的设计师。

（Mr. Bon）和庞女士（Mrs. Pon），这对60多岁的情侣运用不同色彩搭配出时髦的中性情侣装。双胞胎姐妹音乐组合阿米阿亚（Amiaya）也是主要的潮流引领者。另外，去日本一定要去看若拉（Rola），她是一个模特儿也是古驰（Gucci）的缪斯，甚至在billboard（公告牌）上也是榜上有名。

^引领潮流的时尚偶像阿米阿亚与她们大胆协调的穿搭。

另类时尚

日本另类的时尚充满挑战性和无穷的魅力，影响了世界各地的主要设计师，并为无数西方歌曲和视频带来灵感。如果说日本是世界街头风格的首都，那么对于想发现日本时尚品位中不寻常一面的人来说，东京的原宿区和涩

日本设计师改变了时装的形态。

买一件服装艺术品

若要在日本选购高端时装，最好从东京银座区宽阔的林荫大道开始，那里有世界上诸多品牌的豪华旗舰店。另一个热门景点表参道延伸至青山，适合有品位有经济能力的人士，这里有高端旗舰店，类似日本桥的高岛屋和新宿的伊势丹。时尚的代官山街区也有许多精致的独立时装店。在京都，最好去巴尔商场（Bal）和伊势丹，还有提供高级和服的千总（Chiso）。

蓬松漂亮的衣服是洛丽塔时尚的关键。

时尚朝圣

每个月的星期天，时尚达人们聚集在原宿街头参加原宿潮人时尚行（Harajuku Fashion Walk），庆祝该地区的时尚文化。

^左图：飞机头发型是摇滚风格的一个重要特点。右图：洛丽塔的造型有可爱甜美（上）和深色的哥特式（下）。

谷区就是圣地。尽管大多数人都会穿上你在世界上任何地方都能找到的全球品牌和普通服装，但这些地区仍然是你观察日本实验性时尚的最佳选择，人们的穿搭都富有创意。街道成为时尚秀场，在这里可以观察到各种风格，堪称终极的艺术表现形式。

重要的时尚风格

日本的另类风格形式多样。以下是过去几十年来受欢迎的几款。

山区乡村摇滚（Rockabilly） 20世纪50年代美国时尚的夸张版本特别受50至60岁男性的欢迎，他们周日会在东京的代代木公园见面。

玩偶系（Dolly Kei） 灵感来自欧洲童话故事，女孩或男孩将自己打扮成一种让人想起欧洲古董玩偶的风格。

仙女系（Fairy Kei） 这种过度装饰的女性化时尚风格，甜美华丽、层次丰富，带有日本20世纪80年代的时尚风格。

洛丽塔（Lolita） 维多利亚时代和爱德华时代的童装是这一时尚的基础，这种时尚十分流行，催生了许多亚文化群体，如哥特摇滚和蒸汽朋克。

辣妹（Gyaru/Ganguro） 意为“女孩”或“辣妹”，这种亚文化是对一切女性化事物的夸张展示，包括高筒靴、高调的衣服、浓妆艳抹、晒黑的

‹左图：辣妹的造型灵感来自洛杉矶冲浪者的风格。下图：周末，东京的年轻人聚集在原宿，展示他们最新的穿搭。

加入另类风格革命

东京原宿是日本街头时尚的精神家园，星期日的代代木公园到处都有时尚团体的聚会。大阪的街景完全独立于东京，它更嘈杂，也更夸张（想想那闪亮大胆的印花），心斋桥是其时尚中心。冈山县冈山市以高级的牛仔风格闻名，京都则以传统服装的现代化创新而闻名。札幌的“狸小路”（Tanukikoji）购物街是当地人展示当地复古风格的T台。

皮肤、金色的头发和夸张的指甲。

原宿女孩（Harajuku Girls）一部分朋克，一部分可爱（第124页），第二次世界大战后期，这种风格开始发展并一直流行至今。“原宿女孩”也是对聚集在原宿地区的东京青年的广义称呼。

高中辣妹（Kogal）这种叛逆的校服以短裙和宽松袜子为特色，流行于高中女生之间，她们经常在“涩谷109”大厦附近闲逛。

森女（Mori）这种奇特时尚的亚文化带有地球、音乐、生态等时尚标签。这个风格有一种精灵般飘逸的别致之美，以长裙和长发为特色，常带有充满渴望或伤感的感觉。

‹左图：高中辣妹风格基于日本校服。上图：森女风格搭配常常给人一种飘逸感。

文学

诗歌与通俗小说

日本深厚的文学遗产引发全世界作家和读者的无限遐想。短小的俳句需要我们理解其中每一个词的含义，而日本的小说现已成为日本悠久的叙事历史中最重要的媒介。

俳句

日本最著名的诗歌形式“俳句”，最初是长诗的开头部分。传统的俳句是由17个音节组成的三行短诗，其目的是描绘一个完整的场景。这需要高超的技巧才能将一件事或一种感觉浓缩成如此简短的形式，因此俳句作为一种独立的诗歌变得流行起来。

日本最著名的俳句诗人是松尾芭蕉（1644—1694年）。他非常有名，偏爱简朴的生活，大部分时间都在日本旅行，写下每天的经历。他将文学的感性与“行万里路”的方法相结合，他的俳句以凝练地刻画情感或某一瞬间而闻名。

‹松尾芭蕉独自一人旅行，寻找在城市里找不到的安宁和满足。

三行字和“5—7—5”的音节结构是俳句最著名的特征，另外还有其他重要元素，如“季语”是表示季节的词，“切字”用来增强情感，赋予读者想象的空间。然而，许多现代诗人不遵守这些形式上的限制，他们更喜欢一种被称为“自由形式”的风格，即使是老诗人有时也忽略了这些规则。

芭蕉俳句

松尾芭蕉在17世纪末写了他最著名的俳句。

闲寂古池旁［古池（ふるいけ）や］

青蛙跳进水中央［蛙（かえる）飛（と）びこむ］

扑通一声响［水（みず）の音（おと）］

这首诗有很多译本，比如1898年拉夫卡迪奥·赫恩（Lafcadio Hearn）的译文：

Old pond
frogs jumped in
sound of water

优雅的诗之所以经久不衰，是因为它的描写生动形象、有画面感而又朴实，引人回味。

^上排，从左到右：描绘紫式部的插图；《平家物语》的场景绘画；夏目漱石肖像
下排，从左到右：芥川龙之芥；村上春树小说选集；吉本芭娜娜

优秀的日本文学

从早期的口头故事到如今的通俗小说和漫画（第134页），日本在几个世纪里源源不断地创造了不可思议的故事和引人深思的作品。通过了解一些著名作品，进入日本文学的世界吧。

1.**《源氏物语》**（11世纪初），紫式部：写于11世纪的《源氏物语》可能是世界上第一部长篇小说。它反映了紫式部作为一个女官在宫廷的优雅生活。

2.**《平家物语》**（成书时间不详）：这部军记物语（一种文学体裁）讲述了在源平之战（1180—1185年）中平家的失败。它探讨的主题是无常、荣誉与正义，是重要的文学作品和历史资料。

3.**《我是猫》**（1905年），夏目漱石：以一只愤世嫉俗的家猫的视角讽刺了明治时代日本文化与西方文化的融合（第30页）。这是夏目漱石的第一部重要作品，使他成为日本极具影响力的作家之一。

4.**《竹林中》**（1922年），芥川龙之介：这是芥川龙之介著名的短篇小说，“芥川龙之介奖”是日本著名的短篇小说奖。它融合了日本主题和西方现代主义文学风格。

5.**《挪威的森林》**（1987年），村上春树：日本第一人称小说的现代大师之作。在20世纪60年代青年运动中，村上春树这一抒情悲伤但又具有批判性的作品发表后，第一人称自白文学风格在国内外文学界引发了轰动。

6.**《厨房》**（1988年），吉本芭娜娜（Banana Yoshimoto）：在日本和国外都很受欢迎，《厨房》的简单风格让人想起传统的日本诗歌。吉本芭娜娜用日常的家庭场景来思考悲伤、社会期望与现代东京生活的孤独等。

^从左到右：《鸟兽人物戏画》绘卷被视为日本最古老的漫画；《铁臂阿童木》是第一部在海外播出的动画作品，并激发了其他几部电影的灵感。

动漫

世界级现象

自二战结束以来，日本形成了巨大的动漫产业。这些令人兴奋的作品因其富有想象力的人物和复杂的情节而深受喜爱，这是日本历史悠久的叙事传统的现代版本。

漫画的演变

“漫画”和“アニメ”（anime）分别是漫画和动画的日语单词。有人认为漫画与日本早期的艺术形式有很深的渊源，可以追溯到绘卷和江户时代的浮世绘（第84页）。然而，漫画最明确的前身是日本第一批彩色连环画，它们在二战前发展起来。

> 漫画深深扎根于日本早期的艺术形式，如木版画。

二战结束后几年，故事漫画开始兴起，单色印刷在粗糙的纸上，这一标准沿用至今。漫画首先连载在厚厚的漫画杂志上，然后整合成一个故事完整的单行本。

无论你是铁杆粉丝还是渴望学习的人，京都国际漫画博物馆都是一个必看之地，可以在此开始一段迷人的漫画历史之旅。不过，真正的亮点是博物馆里的图书馆，仰望着这些高耸的书架，那成千上万个五颜六色的单行本让人感受到漫画世界背后的激情。

^大多数杂志都有特定的目标受众，但是精彩的故事和人物可以打破某些障碍，吸引全世界的粉丝。

从漫画到动画

现代动画诞生于1963年，当时的人气漫画家手冢治虫为他的热门漫画系列《铁臂阿童木》创作了一个卡通版本。该剧引入了经典的美学风格，巩固了漫画与动画的联系，也形成了电视动画的标准。购买了《铁臂阿童木》每周时段的广告公司并不准备为一部动画片支付高额费用，部分原因是美国进口商品的可利用性不高。手冢治虫以远远低于其生产成本的价格推出了一系列产品，依靠广告交易、商品和海外销售来弥补这一缺口，这种做法在业内仍很普遍。

卡通英雄

在世界范围内，动漫已成为日本文化一扇敞开的大门。富有想象力的人物以及长达数周甚至数年的系列故事引人入胜。阿童木是早期的漫画明星，手冢漫画的深刻和黑暗程度让人震撼。他很快加入了许多其他角色，并拥有了一批忠实的追随者。漫画家长谷川町子在1946年于报纸的连载版块创作了“海螺小姐”这个家庭主妇的形象。1969年，这个角色首次出现在动画中，这是现在世界上播放时间最长的动画片。它原本是一部充满前瞻性的女权主义作品，现在是一部关注战后日本家庭生活的人气作品。

如今，漫画杂志《周刊少年Jump》以漫画而闻名，有些漫画被改编成了动画，拥有众多经典角色，长期受大众欢迎，比如《龙珠》《火影忍者》，关于高中排球队的故事《排球少年!!》等。

>漫画杂志《周刊少年Jump》被翻译成多种语言，在海外也非常流行。

走入漫画世界

很多日本漫画都有几十卷，若是第一次接触这些就全部买来或许有些奢侈，那不妨选一卷《黑塔利亚》吧。这部关于世界历史的轻松喜剧没有连续的情节，可以从任何地方开始读。每一个人物都是一个不同国家的化身，借此可以了解日本作家对于外国人及外国文化的认识。

今日动漫

漫画通常被用作动画的素材，反之亦然。这两种形式都能改编成其他媒体形式，如电影、游戏、小说和音乐专辑（第138页）。

电视动画片主要针对儿童，因此日本最著名的节目往往是面向年轻观众的。这些动画作品是电视的主流节目，在广告、包装和玩具上常常能看到主角的笑脸。

另一方面，面向年长观众的动画较为小众。许多系列动画在午夜播出时，只有一小部分观众观看。但是这些观众会密切关注自己喜爱的节目，并去参加漫展，购买商品，扮演他们最喜欢的角色（第163页）。在大城市的御宅族街区（第164页）可以看到系列动漫的大型广告，但并非主流娱乐。它们在日本的知名度可能较低，但在国外受到众多关注。

持久的创造力

有些人认为动漫产业的未来具有一定的不确定性。漫画销量在1995年达到顶峰，当时占日本全部出版物销量的40%，但到2017年，销量下降了三分之二以上。一个原因可能是智能手机的兴起，智能手机是便携式的娱

‹儿童最喜爱的《哆啦A梦》是日本的大型动漫系列作品之一。

<20世纪90年代末的神奇宝贝热潮将动画介绍给全世界的新一代粉丝。

面向年长观众的动画相当小众，但在国外很受关注。

乐工具。动画也受到了数字盗版的威胁。许多西方影迷选择在线观看，不愿等待官方影碟发售的数月时间。

虽然动画面临销量下降和盗版的威胁，但它定能越过数字时代的阻碍。动画原版在日本播放之后，美国CrunchyRoll等视频动漫平台很快就开始翻译和播放新的剧集，而网飞则试图让更多的观众看到动画。日本动画的创作精神一如既往十分强大，新的系列作品吸引了国内外影迷，就像“失宠者”以新的形式复活。

初识动画

当你想踏入日本动画世界的大门时，“日本动漫之父”手冢治虫是不得不提的名字，前文中已经提到了他的代表作《铁臂阿童木》，至今依旧在世界范围内有着不可估量的影响。

手冢治虫本名手冢治，据说因其喜爱昆虫因而便取了“手冢治虫”这一笔名。手冢一生中曾绘制了约15万张漫画原稿，将毕生的精力与热情都奉献给了动漫事业。手冢治虫的作品以其丰富的故事性折服万千读者，同时他也通过一部部作品传达着人文情怀，探讨着生命的尊严与本质。

手冢治虫曾设立虫制作株式会社，制作了《铁臂阿童木》《森林大帝》等多部享誉全球的动画作品，为日本电视动画制作标准的形成做出巨大贡献。时至今日，他的作品依旧不断被重新搬上荧幕。2019年手冢经典作品《多罗罗》时隔五十年再度动画化，带领人们再次感受手冢的世界。

单行本

漫画通常一开始在杂志期刊中连载，随后各章节被收集整理并作为单行本出版。

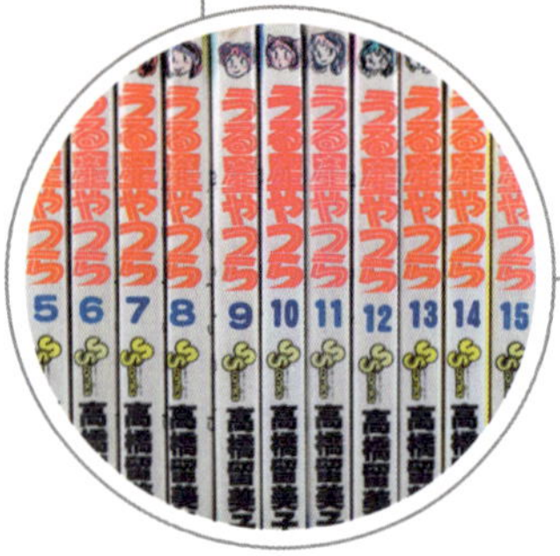

日本动画

《火影忍者》等人气漫画被改编成动画，在海内外都收获了大批新观众。

周边产品

Animate等动漫商店出售官方商品，供大批漫画爱好者加入个人收藏。

舞台剧

尽管需要复杂的特效，但每个系列作品都不畏惧尝试真人舞台剧。

刺激的主题公园

人气超高的漫画系列激发了主题公园的设计，如日本环球影城、富士急高地乐园。

好莱坞在召唤

真人版的好莱坞电影带来了新的观众。也请留意电影版。

动画电影

漫画作品强劲的发展势头，催生了多部长篇或短篇动画电影的诞生。

无数游戏

各种游戏都发布了专门的游戏手柄，手游比以往任何时候都更受欢迎。

主题咖啡馆

咖啡馆提供独家商品和主题菜单，是与朋友和同好一起享受一系列活动的有趣方式。

灯光，摄像，开始！

主流漫画迎来了一系列真人版作品，吸引了新的受众，关注者的数量远超初始粉丝数。

漫画的进化

创造新体验

一部受欢迎的漫画可以呈现出其原创漫画杂志版面以外的内容。铁杆粉丝总是想知道更多关于他们最喜欢的角色和角色生活的世界，所以热门作品可以改编为各种新的形式。有些人可能会探索一个配角的背景，有些人会深入研究虚构的故事世界，还有一些人会为粉丝创造机会，让其以新的方式体验这个系列。从引人遐想的黑白漫画到面向全球观众的好莱坞大片，我们整理了人气作品的改编历程，这些改编使它们赢得了新的粉丝。

玩在日本

从传统的戏剧、艺伎、体育运动到现代娱乐活动，如街机游戏、卡拉OK，日本娱乐业为想逃离日常生活的人们提供了一个令人愉悦的世界。即使是那些看起来传统的地点，如歌舞伎剧院和武术道场等，在现代社会中也有着稳固的地位。它们的历史渊源并不是一种落后的束缚，反而让它们在几个世纪里得以生存和进化。电影等更现代的娱乐形式充分利用了20世纪的技术革新，近年来不断发展，富有影响力且令人身心愉快。1954年，哥斯拉由演员套着皮套表演，但这部战后经典电影点燃的火花促进了日本电影的爆炸式增长，几十年来一直激励着全世界的电影人。娱乐圈也创造了一些充满激情的亚文化，如日本流行音乐粉丝群和御宅族，他们的热情已经传遍了全世界，激发了新一代人对日本的迷恋和热爱。

从地图开始

探索趣味日本

通常是某种形式的娱乐或运动激发了人们对日本的最初的兴趣。有些人是通过儿时的空手道课，或是对日本流行音乐的热爱，或是对御宅族文化的痴迷而开始了解日本的。不管是哪种方式，深入体验充满乐趣的娱乐活动是探索日本的完美第一步。可以经常与当地人分享这些体验，这是结交朋友的好方法。

<传统印象

京都是艺伎世界的中心（第151页）。在祇园甲部歌舞会上，你可以看到各种优雅的表演，艺伎和学徒聚在一起跳舞，演奏乐器。

拥抱御宅文化

在大阪的日本桥释放你内心的御宅精神吧。把你的日常购物清单放一边，购买一些动漫商品和酷炫小玩意吧。

相扑

去福冈观看每年11月份举行的九州大相扑锦标赛（第174页）。

华丽的戏剧表演

四国地区是观看歌舞伎表演（第149页）的绝佳地点之一。这里有许多剧院，包括日本最古老的歌舞伎剧院——琴平町金丸座。

^“关西嗨！”

关西地区体育盛行，所以要早点订票。大阪在3月举办相扑比赛，棒球爱好者可以在阪神老虎队的比赛中成为热情的球迷（第172页）。

285千克

小锦八十吉
是史上最重的相扑选手，
重达285千克。
相扑选手平均体重为165千克。

^将电影带入生活

东京有很多电影爱好者值得一看的景点。日本国家电影资料馆收藏了一部经过修复的1917年的动画电影，吉卜力博物馆有一些只有在馆内才能看到的原创短片。

>御宅族天堂

前往秋叶原和池袋逛商场和主题咖啡馆（第160页）。

∨武士体育

镰仓的鹤冈八幡宫每年9月会举办“例大祭”，马背上的射箭表演绝对会给你惊喜（第177页）。

棒球热

日本高中棒球锦标赛
（又名“夏季甲子园”）
是颇受欢迎的
年度体育赛事。

“家族企业”

传统的能剧是由观阿弥和世阿弥父子二人创立的。

‹能剧演出时，一次只有一两个戴面具的角色出现在磨光的木制舞台上。

日本的戏剧

传统与前卫的平衡

对外国人来说，日本的戏剧和音乐剧似乎很难理解，实际上并不需要担心语言障碍。传统剧院夸张的视觉效果和激动人心的氛围仍然是一种不可错过的体验。还有对西方戏剧的现代化改编，惊艳地演绎观众们旧时的最爱。

能剧

日本能剧起源于神圣的神道舞蹈，是在磨光的木制舞台上表演的，舞台背景中绘有松树并且有一个神社似的屋顶。能剧发展于14世纪，要素是奇幻的主题、缓慢的舞蹈和戴面具的表演者。打鼓和吹笛的乐师坐在舞台后面，主要的表演者穿着奢华的丝绸服装，戴着彩绘木雕的面具，优雅而从容地穿过舞台。

剧目与狂言

在东京、名古屋和大阪的公共剧院以及著名的能剧学校，如东京的观世能乐堂上演的约240部能剧构成了目前的剧目。主要分为五种类型，在一场持续几个小时的经典表演中，你可以欣赏不同类型的能剧。能剧中间穿插着“狂言”表演，这是一种有趣的独白表演，旨在为严肃的能剧提供些许轻松的反差效果。这两种表演的演员都是男性，但狂言演员不戴面具，使用的语言也不太正式。

歌舞伎

歌舞伎是日本最华丽的古典表演艺术，观看歌舞伎是一次难忘的经历（第149页）。歌舞伎因全由男性演员表演而闻名，据传歌舞伎由出云阿国在17世纪创立。她表演的歌曲和舞蹈的独特风格激发了多个女性剧团的创作灵感。但是女演员在1629年被禁止表演，不过歌舞伎的流行使其得以留存。此后，由被称为“女形”的变装男演员扮演女性角色，将重点从歌舞转移到戏剧表演。

能乐面具

文乐

日本的文乐（木偶剧）始于17世纪的大阪，日本国立文乐剧场也在大阪。文乐表演艺术是从云游表演者讲述著名英雄和传奇故事的传统发展而来的，同时乐师演奏传统乐器，如琵琶和三味线（第152页）。

用于文乐表演的大型木偶非常逼真，大小约为真人的三分之一到一半。木偶需要三个人来操作：主要木偶师操纵头部和右臂，两个辅助木偶师分别操纵左臂和腿。在观众的视野中，他们都穿着黑色衣服。操作木偶的技巧需要通过数年时间来学习。在观众专注于真实感人的人物时，以及讲述者和乐师引发共鸣时，木偶师通常会隐于背景中。

体验文乐

要欣赏文乐表演，大阪国立文乐剧场是最佳选择，它提供英语音频指南和翻译。每年只有几场演出，所以请留意表演信息。对于门外汉来说，了解文乐最好的方式就是亲眼观看。这些节目结合了木偶艺术和真实的演奏，并以多种语言进行，非常适合外国戏剧爱好者。

解读西方故事

日本的一些现代剧作家和演员已经转向西方戏剧寻求灵感，通过改变讲述方式及表演的风格，改编现有故事。导演蜷川幸雄（1935—2016年）是这一分支的领军人物，最著名的是他对希腊悲剧和莎士比亚剧作的

⌄从左到右：木偶师即操纵木偶的人；木偶师操纵木偶时，需要细心专注。

互相影响

许多歌舞伎剧本改编自文乐；文乐反过来借用了一些歌舞伎剧本。

‹左图：蜷川幸雄导演的莎士比亚戏剧《辛白林》（*Cymbeline*）。
上图：日本宝冢歌剧团演绎的《凡尔赛玫瑰》。

本地化诠释。他的日本版《麦克白》（*Macbeth*）以佛教诵经和身穿歌舞伎服装的女巫为特色。

铁路大亨小林一三是西方歌剧的爱好者，并于1914年成立了一个全女性团体，名为“宝冢歌剧团”。它已经发展为日本广受欢迎的剧团之一，并基于《飘》（*Gone With the Wind*）、《战争与和平》（*War and Peace*）等西方小说进行西式音乐剧表演。数以百万计的粉丝涌向该剧团的东京舞台观看演出，歌剧团分为“花、月、雪、星、宙、专科”六个组别，专科组由不属于其他五组并有一技之长的成员组成。每个组别都有一对明星演员——男主角和女主角（日语分别叫作“男役”“女役”）。

2.5D音乐剧

日本戏剧一个的最新趋势是根据流行漫画和电子游戏创作剧目。这种将二维漫画作品和三维舞台世界进行独特融合的形式被称为2.5D音乐剧。通过精心设计的布景、服装、音乐和定格等表演形式，这些剧目生动地演绎着生活中的素材。最受欢迎的作品是《网球王子》，改编自日本漫画家许斐刚的漫画，主要讲述一个青少年网球天才的故事。该剧目已经有20多个版本，已售出数百万张门票。

舞台

歌舞伎剧院的特色是花道，这是一条延伸至观众席的通道，演员通过它登场、下场，亮相表演。

表演风格

夸张的姿势和动作很常见，为了强调某一个重要的画面，所有演员都可能会定格在某一动作。

化妆

通过厚重的妆容展现每个角色的年龄、性别、阶级，以及各自的个性与情绪。

歌舞伎

观看一场现场表演

凭借其戏剧性的故事情节、华丽的服装、大胆的化妆、引人注目的舞台效果和精心制作的布景，歌舞伎广受欢迎，成为传统娱乐的杰出代表的原因不难理解。日本有许多历史悠久的歌舞伎舞台，比如保存完好的建于1916年的内子町内子座（爱媛县），以及据说是日本最古老的歌舞伎剧院的香川县琴平町的金丸座。不过，观看表演的最佳选择是东京著名的歌舞伎座，这里几乎每天都有歌舞伎表演。剧院十分华丽，装饰着红灯笼，悬挂着紫色横幅，与剧院内夸张的表演风格完美契合。如果你担心语言障碍问题，可以购买一张单独表演的门票，这样你就可以享受超一流的体验，无须担心跟不上故事内容。比如有演出的英文大纲，以及提供整个剧本翻译的“G-Mark指南”。虽然在表演中说话是不礼貌的，但有些观众可能会突然大声喊出一个人气演员的艺名。这种被称为“喝彩”的行为也是欣赏歌舞伎表演的一部分。

‹歌舞伎华丽多彩，有豪华的舞台和演员阵容。主角通常是来自著名剧团的明星演员。

歌舞会

每个艺伎区都会举办
一年一度的公共舞会。
在京都，4月有祇园甲部歌舞会，
5月有先斗町鸭川歌舞会。

<从左到右：在京都，艺伎学徒也被称为舞伎；跳舞是艺伎必须掌握的基本技能。

艺伎的世界

过往的回响

艺伎是技艺高超的表演者。她们的工作时间大多是在午餐和晚餐时间，同时伴有持续不断的音乐、舞蹈和交谈。她们的客户多是商界和政界精英，会在茶馆或高级的传统餐厅招待他们。因此，大多数日本人并未接触过艺伎。

成为艺伎

20世纪20年代约有80000名艺伎，现在只有1000名左右。学徒期始于15岁，需要住在“置屋”（艺伎寄宿处）并接受五年严格的传统艺术训练，包括舞蹈、音乐（第152页）、茶道（第198页）、插花（第75页）和文学（第132页）。当学徒意味着要忍受其他规定，比如每周做一次发型（其间不能洗头），很少和家人朋友联系，没有手机。只有当一个学徒毕业成为艺伎后，她才能有更多的自由，甚至拥有自己的住处。这种生活方式并不稳定，且结婚后需要退出艺伎一行。

艺伎区

艺伎文化一直存在地域差异，但一个共同之处是艺伎生活、工作和学习的地方都是类似的。京都祇园是最大、最著名的艺伎区。预约艺伎表演非常难，不过可以在祇园的艺伎赴约的路上看到她们。在高科技的当代日本社会，她们看起来像是木版画（第84页）中走出的古典人物。她们的脸是白色的，嘴唇是鲜艳的深红色，精心梳理的发髻上装饰着发簪和绢花。

^艺伎练习演奏各种乐器。

> 在高科技的当代日本社会，
> 她们看起来像是木版画中走出的古典人物。

›传统乐器包括三味线、笛子和各种鼓。

日本音乐

从精神根源到现代偶像

日本音乐兼具西方风格和独特的日本风格，具有娱乐、放松和启发作用。无论你是只想踮起脚尖还是一头扎进去，亲切感和好奇心都将带你踏上一次迷人的探索之旅。每个音乐人都有自己的风格，有的富有浓厚的传统精神，有的时髦前卫，有的是活泼有趣而古怪的流行音乐。

传统之声

早期的日本音乐可以追溯到皇宫戏剧表演时的古典奏乐——“雅乐”。奏乐声往往不多，用于配合舞台动作。僧侣的经文吟唱也是日本音乐传承的主要部分。这两种音乐的一个关键元素是由两块木板制成的简单乐器“梆子”。敲击梆子时的共振声带有宗教的神圣感，是日本传统音乐的一部分，也是能剧的一个特征（第145页）。与此同时，由于缺乏与宫廷高等艺术的直接接触，普通百姓发展了传统的民间音乐形式，以及日本传统吟唱音

敲击梆子时的共振声带有宗教的神圣感，是日本传统音乐的一部分。

^从左到右：雪村泉、江利智惠美和美空云雀是战后日本三大流行歌手。

演歌的缩影

要了解演歌，你应该听听美空云雀的《川流不息》。这首感人的民谣经常被评选为“日本历史上最伟大的歌曲”，被认为是晚期演歌最好的例子，时至今日仍与1989年发行时一样受欢迎。

^北岛三郎是日本非常受欢迎的演歌歌手之一。

乐——“净琉璃”（文乐），受到各阶层的欢迎。

另一种重要的种类“演歌”在现代音乐出现之前就开始流行。这种风格起源于20世纪初的政治运动，曲调缓慢而伤感，之后成为日本流行音乐的基础。演歌歌手经常使用颤音，促进了现代R&B音乐的繁荣发展。

一个新时代的诞生

在20世纪，历史悠久的传统音乐开始吸收一系列的外来元素。日本的“美国邻居”夏威夷将夏威夷元素和20世纪50年代的美国元素引入晚期的演歌，这种对早期西方摇滚乐的全民追捧延续至今。坂本九1961年发行的《昂首向前走》可能意味着日本音乐新浪潮的真正诞生。这位具有埃尔维斯反叛精神的歌手，演唱出了演歌和日本流行音乐之间的精神联系，该歌曲因此成为唯一一首登上美国音乐排行榜榜首的日本歌曲。在西方，这首歌被重新命名为“寿喜烧”——并非因为它和火锅有关，而是因为这种叫法更简单。

日本流行音乐时代

日本流行音乐（J-Pop）始于20世纪90年代，是当代音乐的一股强大力量。创造这个名字最初是为了表示演歌之外的其他类型的流行音乐，但是现在它与音乐排行榜的榜首联系尤为紧密，这些头牌榜单歌曲有着不可抗拒的节奏、便于记忆的简单歌词，并且经常伴有精心设计的舞蹈。在R&B风格的韩国流行音乐（K-Pop）风靡全球的背景下，强大的旋律创作能力和朗朗上口的曲调保证了日本流行音乐的地位。

感受音乐

现场演唱会令人兴奋，而日本通过“日式应援”将它提升到了一个新的高度。“ota”（日本流行音乐偶像粉丝）进行这一“高能”的表演，包括挥舞荧光棒和吟唱，当全场人一同进行表演时，真是一个值得一看的景象。要想看到粉丝的应援表演，可以下载一些日本流行音乐或者乐队的演唱会看看。曾经人气很高的组合包括SMAP、岚和Glay。Glay的精选专辑销售量达480万张，拥有20万观众的演唱会记录。但这种成绩不仅限于乐队。歌手宇多田光是国外知名的日本流行音乐艺术家之一。竹村桐子也是一个非常受欢迎的偶像，其朗朗上口的曲调、甜美的歌词和极可爱的原宿风格受到日本青少年的追捧（第131页）。

如果你不喜欢简单的流行音乐，你可以探索日本各种独特的音乐流派，比如非常受欢迎的Babymetal。女生的

‹从左到右：歌手竹村桐子是可爱美学的女王；Glay是日本有名的摇滚乐队之一。

^马赛克（Mosaic）是东京的音乐展演空间之一。

三重奏融合了“可爱与金属”，并搭配了哥特式洛丽塔和玩偶系风格（第130页），她们高质量的歌曲，保证了音乐没被时尚抢了风头。在才华横溢的伴奏神乐队（Kami Band）的演奏帮助下，她们已经占领了现场舞台。

看现场表演

除了流行偶像的音乐，还有更多值得欣赏的音乐，日本当代音乐具有难以置信的广度与多样性。在主流之外，实验音乐、电子音乐和旋律流行音乐已经成长为与嘻哈、Dub（由雷鬼音乐衍生而来）和锐舞（rave）共存的音乐。为了完全沉浸在这些音乐中，最好去音乐展演空间（live house）看现场表演。这里会演出爵士乐、电子音乐、重摇滚、鞭挞金属、民谣和朋克音乐等，不同风格通常互相结合。真正的音乐展演空间通常又小又暗，观众们聚集在此欣赏音乐。这是认真而严肃的活动，许多观众甚至都不喝酒。有名的乐队可能并没有在外面的演艺界获得实际的成功，这使它真正成为当时的代表。创造与欣赏每晚都在日本发生。通常有四五个乐队演出，从傍晚时分开始，结束时间也不会太晚，保证你能赶上回家的末班车，或者转场到附近酒吧。

Babymetal女团不可思议地将可爱与金属完美结合。

专栏

粉丝互动

握手活动中，
粉丝能够与偶像见面。

形象

大多数偶像的形象
都是年轻、可爱、天真的，
在服装和严格的行为准则上
也有所体现。

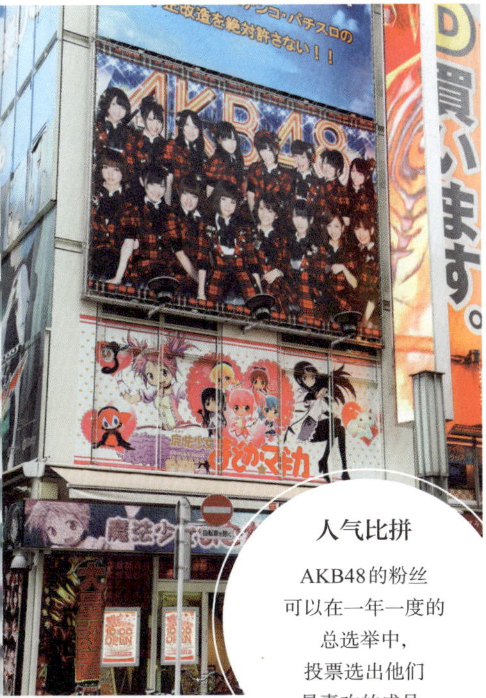

人气比拼

AKB48的粉丝
可以在一年一度的
总选举中，
投票选出他们
最喜欢的成员。

终极流行偶像

有影响力的女生偶像团体

自21世纪起，女性偶像团体已成为日本的巨大产业。虽然一些男团也有众多粉丝，但相比女团文化还相去甚远。女性偶像为自己赢得了大批的狂热粉丝，日本人甚至称这个时代为“偶像的战国时代”。这听起来像是一个宏伟的历史时代，大量的演出由此诞生。

女团AKB48可以说是日本顶级的女团。该女团于2005年在东京的御宅族天堂秋叶原（第160页）成立，是养成系偶像团体的极致。创建者是大制作人秋元康，他想在秋叶原创建一个拥有专属表演空间的女团，让她们能够为粉丝做日常表演和见面问候。为了保证严格的日程安排，这个小组十多岁和二十出头的成员有100多名，分在不同的团，每团都有各自的主题和颜色。该团体是日本销量最高的组合，自2011年起一直占据年度单曲排行榜的前四名。它还催生了日本和其他亚洲国家的“xx48”组合。

<从左上方沿顺时针方向:流行偶像粉丝；日本电音香水（Perfume）乐队；秋叶原AKB48海报；AKB48成员渡边麻友；AKB48演唱会。

‹东京的新桥是一个受欢迎的夜生活区。

夜生活

从黄昏到黎明

当太阳落山时，日本的街道在霓虹灯的明亮光芒下发生了变化。从热闹的俱乐部到高雅的现场音乐会，这个国家的夜生活定能满足你的期待。然而，典型日本之夜的最佳去处是居酒屋或者卡拉ok。

居酒屋

居酒屋是酒吧和餐馆的混合体，在日本相当于酒吧。居酒屋从清酒店里的站立酒吧演变而来，提供下酒菜来搭配酒水，并成为下班后热门的社交场所。居酒屋一般在车站附近或娱乐区，那里气氛活跃，有很多人聊天。漫漫长夜，在这个自我放松的完美场所，找一张桌子，点杯清酒（第202页），然后慢慢品尝一系列开胃小吃。

卡拉ok文化

风靡全球的卡拉ok起源于20世纪50年代至70年代很受欢迎的音乐咖啡厅“歌声吃茶”（utagoe kissa）。对一些人来说，站在朋友面前跟着伴奏唱歌似乎是一场噩梦，但对于努力工作的日

^居酒屋有简单的小吃，非常适合社交。

^去卡拉ok是下班后放松身心的一种娱乐方式。

本人来说，这是一种发泄方式。去卡拉ok唱歌就像一次普通的团建，人人平等，没有人在意演唱的好坏，最差的歌声反而往往会得到最热烈的回应。在大多数卡拉ok，你都能预订到一个包间，这样你就不用担心在陌生人面前唱歌了。你也可以点食物和饮料，虽然许多日本人不需要畅饮就能释放他们的卡拉ok热情，但边喝边唱能够加深体验感，将下班后畅饮的随意感与唱歌的愉悦结合起来。

尝试卡拉ok

在日本任何一个城市，当你想去一个卡拉ok店享受夜生活时，可能会陷入选择的纠结。就技术和服务而言，Big Echo和Joysound两家店铺最适合外国人，但是任何店铺的服务员都乐意向你演示如何操作点歌台。屏幕上的日语歌词几乎都附带英语，Joysound甚至有一个2010年最佳非日语卡拉ok歌单。

基本术语

拿手金曲（Juhachiban，日语为“十八番”）：你擅长唱的歌。如果暂时还没有，卡拉ok会帮你找到它。

卡拉视频（Karamovie）：与歌曲一起在卡拉ok播放的音乐视频。通常是卡拉ok公司再制作的复古视频，因为原视频太贵了。

一人卡拉（Hitokara，日语为ヒトカラ）：独自唱卡拉ok。不如集体卡拉ok那么常见，有时只需要练好“拿手金曲”。

御宅族

御宅族的庆典

自20世纪90年代起，日本的亚文化“御宅族”文化在世界各地越来越流行。当时动漫开始兴起，并在海外流传（第134页）。对于以日本的电子游戏、动漫为精神食粮的新一代来说，去日本圣地巡礼一番是他们的梦想。在日本，专为御宅族打造的商店、餐厅和景点已经占据了整个地区。

意味。这种负面观点持续了几十年，尽管御宅族文化在21世纪变得更容易接受，但许多日本人对这一话题仍五味杂陈，他们通常不喜欢告诉别人自己的爱好。但外国粉丝已经完全接受了这个术语，认为御宅族的头衔是一种荣誉徽章，并骄傲地用它来证明自己是拥有特殊热爱的铁杆粉丝。

定义御宅族

1983年，专栏作家中森明夫创造了“御宅族”这个词，用来定义那些痴迷于相当古怪和幼稚的东西的人，比如漫画、玩偶、电子游戏，含有贬义

游戏厅文化

作为日本游戏中心的游戏厅，曾经也遍布于全世界。但如今，这个场景似乎只存在于20世纪80年代的电影场景中，取而代之的是家用电视游戏

⌄从左到右：世嘉俱乐部（Club Sega）和Taito Station等游戏厅遍布全日本；东京秋叶原具备游戏厅和御宅文化的一切。

<东京秋叶原区的高达咖啡厅庆祝日本备受欢迎的高达的特许经营权。

机、电脑软件和移动设备。在日本，因为业主致力于创造一种无法复制的独特体验，游戏厅持续繁荣。

游戏厅场馆规模较小，基本布局大致相同。一楼有有趣的小游戏和抓娃娃机，更容易吸引路人，特别是年轻夫妇和一家人。楼上有射击、格斗和音乐游戏等一直很受欢迎的游戏，在这里你可以和御宅族级别的高级玩家一起玩。最后一层通常是“purikura”（大头贴机，第103页），这是与朋友外出必不可少的项目。

游戏厅经久不衰的关键在于创新，虚拟现实是最新的潮流。大多数虚拟现实游戏中心都集中在东京，要求游客具备一定的日语能力，否则你可能需要即兴学几句日语才能有机会体验。

在主题咖啡馆中逃离现实

1998年的第一家女仆咖啡厅只是一个临时店铺，2001年才在东京秋叶原区开设了正式店铺。在御宅文化区，主题咖啡馆已经成为一种必备景点，对于那些想逃离外界沉浸于个人爱好中的顾客来说，这里是完美的选择。有些店铺的主题固定，而一些店铺基本每个月都会设计不同的动漫主题，比如Animate咖啡馆（在日本有25家分店）。这些店铺都提供主题菜单，并出售限时商品。

活动日历

日本一年四季都有激动人心的活动，值得御宅族期待，在那里他们可以了解到他们感兴趣的信息、购买

咖啡厅的女仆

›许多粉丝带着行李箱来到日本最大的同人志展会Comiket，存放他们要购买的纪念品。

新产品、与朋友见面。拥抱你的兴趣爱好，加入其中成为热情的御宅族，这是一个会见兴趣同好的好地方，其中一些活动甚至能吸引10万多人参加。

在6月的日本独立游戏展BitSummit和9月的东京游戏展上，你可以尝试最新的游戏，并能了解到所有你喜欢的游戏新版本。12月的JUMP嘉年华主要是与畅销杂志《周刊少年Jump》（第135页）的漫画有关的内容。在更多的小众活动中，5月的洋娃娃派对（Dolls Party）和全年都有的“我的洋娃娃”（I Doll）活动吸引了两个流行玩偶品牌Dollfie和普丽普（Pullip）的数千名粉丝。

同人集市

对许多御宅族来说收集官方纪念品很重要。另外，热爱流行动漫的粉丝制作的产品也有巨大的市场需求。这些同人商品可能是小说或电子游戏，但最常见的是“同人志”（以已有作品为基础进行的二次创作）。创作者通常是某一系列漫画的狂热粉丝，他们把创作同人志作为一种爱好，其中不乏有抱负的漫画家。由于商品会用到受版权保护的故事和人物，同人创作会受到一定的限制。令人惊讶的是，官方出版社一般不会排斥同人创作，尤其对漫画行业来说，这是一个双赢的局面，因为同人社区是人才的聚集地，有助于激发粉丝对新系列作品的兴趣。

‹最新的虚拟现实设备和游戏一般会在东京游戏展上展出。

御宅街（第164页）往往有专门经营同人商品的连锁店（如Mandarake、K-Books）。你也可以在Comiket（通常在8月和12月）探索同人的世界，这个同人志展会每年在东京举行两次，备受欢迎。

吸睛的装扮

打扮成最喜欢的虚构角色并不是日本独有的概念。自20世纪中期以来一直有狂热粉丝这样做。自从20世纪70年代粉丝们开始穿上服装参加第一届Comiket大会以来，这种爱好就与御宅族密不可分。“cosplay”（角色扮演）这个词是高桥信之于1983年创造的，现在是全球御宅族的常用词。你可能会在日本找到几家出售服装、假发和配件的商店，但“硬核”扮演者（Cosplayers）会自己制作服装，无论是简单的校服还是全套盔甲。

许多以御宅族为中心的展会，如Comiket，都有一个cosplay区域，人们可以在那里见面和拍照，每个月日本各地都会举办一些专门的cosplay活动。令人惊讶的是，两个最重要的年度Cosplay大会并没有在东京的御宅族区举办。一个是3月的大阪日本桥动漫展，有1000多名造型各异的Cosplayers游行。另一个是7月底在爱知县名古屋举行的世界Cosplay大赛，来自世界各地的热情粉丝聚集在一起，举行活力四射的Cosplay文化庆祝活动。

^日本动画、漫画和电子游戏是cosplay的常见灵感来源，但你也可能会看到迪士尼人物和漫威超级英雄等西方作品。

> 一年四季都有激动人心的活动，
> 值得御宅族期待。

御宅街

在御宅中心购物

东京是日本公认的御宅族天堂。无论巨大的游戏广告牌还是以人气漫画角色为宣传点的大众活动，都与御宅文化息息相关，甚至有些车站播放的广告也来自流行动漫。几乎所有的东京次中心，如新宿、涩谷和原宿等都有相当多的御宅族景点：主题咖啡馆、游戏厅等。另外，认真的御宅族应该花几天时间去探索秋叶原和池袋。秋叶原，也叫“秋叶”，有各种适合御宅族的商店，无论你是机甲模型还是日本流行音乐偶像的粉丝都能满足。池袋对休闲购物者来说乐趣十足，同时也是动漫爱好者的天堂。这里有为女性顾客开设的优雅执事咖啡馆，类似于秋叶原为男性开设的女仆咖啡馆。

在日本的任何地方，都要留意蓝色的“Animate”标志。这个全国性连锁店拥有所有最新的动漫商品，堪称御宅族的“迷你宝库”。

东京之外

还可以逛一逛大阪的日本桥
或爱知县名古屋的大须。

>从左到右：日本于1953年开始定期播放电视节目，20世纪30年代的初次尝试因二战爆发而中断；许多历史剧改编自小说或漫画等，如2010年版的《十三刺客》是对旧电影的翻拍。

日本影像作品

国家名片

在20世纪后期，日本多产且有影响力的媒体行业通过新技术、现代流派和感人故事而享誉国际。

电视节目的真相

日本电视节目经常是有趣而搞怪的，以科幻动漫（第134页）和莫名其妙的游戏为主。日本最经久不衰的节目当属生动的综艺节目和严肃的历史剧。

在2003年的电影《迷失东京》中，电视节目《马修的精选集》的出现巩固了海外对于日本节目的印象，这个节目结合了精彩采访、闹剧和浮夸的转场。这类游戏节目真实存在，而且很受欢迎，但它们通常只是较长综艺节目的一部分。自20世纪50年代起，这些节目一直是日本电视广播播放的主要内容，其中一些已经存在了几十年。这类节目的根源可以追溯到日本的戏剧传统：夸张的角色来自歌舞伎元素，喜剧游戏和小品与“落语”（在舞台上讲故事）联系密切。除了喜剧要素，节目内容还可能包括旅行故事、音乐表演、采访、挑战、比赛，甚至一些调查。主持人的反应经常显示在屏幕边上的小窗口里。

> 日本综艺节目的一些根源在于其戏剧传统。

改编

你或许没有看过很多日本电视节目，但你应该看过与它有关的东西。这里有几个比较有名的节目：

《小鬼当家》：日本综艺节目《加藤志村健搞笑电视》的一个片段成为该著名系列节目的基础，如《美国家庭搞笑录像》和《你被陷害了》，里面有观众投稿的有趣家庭视频。

《美国忍者勇士》：这部惊险的闯关真人秀节目源于日本节目《极限体能王》。

《墙上的洞》：灵感来自综艺节目《TUNNELS托大家的福》中的“穿墙”片段，类似于“人类的俄罗斯方块”。

《铁人料理》：备受喜爱的竞技类烹饪节目。这一系列所有版本均源于日本原版节目。

历史剧

日本的大小银幕里的历史剧被称为“时代剧”，都是大制作。一些属于“武士电影”的范畴，该类题材聚焦于试图按照自己的道德准则生活的武士，他们所处的世界往往动荡不安、充满敌意。这是历史剧最著名的类型，还有很多其他类型，如爱情剧、政治剧和喜剧等。

通过参观京都的东映京都电影城，你可以看到一部时代剧的制作过程，在那里你可以试穿传统和服、观看表演、参观不同时代的主题景点，比如一栋配有忍者陷阱的房子。

锁国时代

时代剧最常以江户时代（第29页）为背景。江户时代，日本闭关锁国，这给电影制作人提供了一个清晰的有关社会阶级的戏剧冲突。武士这一独特阶级意味着电影中有许多剑斗场景，而流浪的“浪人”（没有主人的武士）与好莱坞西部片中的逃犯类似，都是孤身一人闯荡天下。

^上图（从左到右）：广濑正一、中岛春雄和篠原正记分别扮演了三只怪兽：王者基多拉、哥斯拉和拉顿。左图：中岛春雄在片场。

^现在哥斯拉系列有30多部电影。

创造电影历史

日本电影产业是世界上知名的、历史悠久、极具影响力的产业之一。国产电影票房在日本超过一半的市场份额，导演也经常获得国际奖项的提名。日本拥有领先全球的三大电影类型：特摄片、恐怖片和动画片。下面的著名影片总有一部合你胃口。

特摄片

这个名字源自日语“特殊摄影”的略写，相比今天司空见惯的CGI（电脑生成动画）电影，特摄片有一种更强烈的手工艺之美。想了解特摄片，只要回想一下当初的《哥斯拉》(1954年）就知道了。受1933年《金刚》的特效启发，《哥斯拉》的创作者成为真正定义日本真人冒险电影风格的第一人，为未来的众多电影奠定了视觉基础。

短短几年后，《超级巨人》上映，推出了日本大银幕里的第一位超级英雄。这部早期的经典作品成为特摄片《假面英雄》的创作基础。《超级战队》系列自1975年以来一直以各种形式出现在荧幕上，20世纪90年代风靡西方的《超能战士》系列正是改编于此。

恐怖片

经典恐怖片《午夜凶铃》于1998年发行之后，“日式恐怖”这个新名词就被发明出来。它让国际社会注意到日式恐怖的特色，这些电影侧重于制造悬念和心理紧张，无论是关于超自然的故事（如2002年的《鬼水怪谈》），还是那些血腥的故事（如1999年的《切肤之爱》）。

日本一直是一个恐怖故事资源库，民间传说中经常出现鬼魂和邪灵，“怪谈”在江户时代非常流行。很多日本恐怖片以此为灵感，也经常涉及现代题材，《午夜凶铃》讲述了都市传说以及新技术带来的恐惧。

> 动画的魅力催生了一系列经典作品。

动画片

日本电视台播出的动画片非常出名，而动画电影则是该国最有影响力的文化出口产品，受到广泛欢迎，现已形成了一系列的经典作品，可以与华特迪士尼动画工作室的作品相媲美。如果你还一部都没有看过，现在就给电影库添加一些吉卜力工作室的作品吧。共同创始人宫崎骏和高畑勋制作了无与伦比的精彩电影，如《千与千寻》和《哈尔的移动城堡》，他们的作品经常以儿童的视角展现略显伤感的氛围，这也非常吸引成年人。

西方动画在历史上一直以儿童为目标受众，而日本动画不受这一约束，风格题材等绝对不逊色于其他各类电影。这意味着日本动画电影不仅是家庭的最爱，它们对世界电影也具有开创性贡献，超越了动画这个媒介，影响着全球的电影人。

反乌托邦的赛博朋克电影《阿基拉》（1988年），改变了西方电影观众和电影制作人对动画的看法。从那以后，一系列不可思议的风格接踵而至：日本动画导演今敏的心理惊悚片、新海诚梦幻般的视觉效果和悲喜交织的故事，以及细田守独特的美学。他的电影《未来的未来》获得了2019年奥斯卡最佳动画长片提名，这是第一部以这种方式获得认可的非吉卜力动画。

⌄新海诚的《你的名字》（2016年）是日本历史上票房第四高的电影。

《雨月物语》

（1953年）从长镜头到模糊的叙事手法，沟口健二的电影激发了处于法国新浪潮时期的导演的灵感。

《七武士》

（1954年）黑泽明的这部电影对乔治·卢卡斯（George Lucas）的作品产生了巨大的影响。

《修罗雪姬》

（1973年）一个女性的血腥复仇故事，这部影片对昆汀·塔伦蒂诺（Quentin Tarantino）的《杀死比尔》的影响显而易见。

《大逃杀》

（2000年）《饥饿游戏》与其有明显的相似之处，昆汀·塔伦蒂诺称之为自己非常喜欢的电影之一。

《盗梦侦探》

（2006年）从梦想与现实的模糊界限到相似衣柜的选择——这部动画电影和2010年的热门电影《盗梦空间》之间有着明显的联系。

《犬之岛》

（2018年）韦斯·安德森（Wes Anderson）的这部定格电影参考了很多的日本文化与电影，尤其是黑泽明的电影。

《蒲公英》

（1985年）一封给美国西部电影与美食的情书，《蒲公英》是伊丹十三导演对美国电影风格的模仿。

《阿基拉》

（1988年）影片中影响深远的动作场面与经久不衰的审美意识，使其区别于后来的科幻电影。

《幽灵公主》

（1997年）吉卜力工作室在西方的第一次突破，为更多动画电影的出口铺平了道路。

《午夜凶铃》

（1998年）避开血腥，通过心理上的恐怖，定义了日本恐怖电影。它被戈尔·维宾斯基（Gore Verbinski）翻拍成了《美版午夜凶铃》，并影响了几十部更加内敛的恐怖电影。

日本电影

与西方的对话

从改编到致敬，这里只是日本电影与西方电影交流中的若干重要时刻。日本电影总能将外国技术和风格与本国的文化和情感相结合，在这个过程中创造出真正独特的东西。不过这个影响是双向的，有时日本电影会被直接翻拍给西方观众，比如日本恐怖电影《午夜凶铃》、情节感人的《忠犬八公》。这种影响非常微妙，日本开创的电影风格鼓舞了外国导演，同时通过翻拍将日本电影的主题和情节以一种全新的方式献给了其他国家的观众。

›足球是在19世纪70年代由皇家海军的一名加拿大军官引入日本的。

体育运动

一种生活和休闲方式

在日本，体育运动经常在日常生活中扮演重要角色。课外社团和展示团队精神是学校生活的重要元素。许多孩子在小学或中学加入学校的体育社团，并一直持续到大学，有时甚至更久，成年后成为当地社区团队的成员。

这种广泛参与背后的一个关键原因是日本人固有的民族精神：群体动力的重要性。尽管民族精神是无形的，但体育运动是这一精神的活跃体现，体现了和谐、沟通与合作的重要价值观。有了这种教养，运动不仅仅是一项有趣的休闲活动，还成为日本文化的重要组成部分。

然而，这不全是根深蒂固的传统与哲学。体育运动重要性的另一个潜在原因仅仅是出于对某项运动的纯粹热爱。

许多人对于棒球近乎痴迷，它也占据了报纸的头版。同时，历史悠久的相扑仍然吸引着大批观众，日本在武术项目上获得了许多奥运奖牌。

虽然棒球和足球是电视上最受关注的体育项目，但日本有着多样的体育爱好，从乒乓球到橄榄球，在一年中的某个时候都会备受关注。

棒球

1867年，一位名叫霍雷斯·威尔森（Horace Wilson）的美国教授在现在的东京大学首次向日本人展示了如何打棒球。那一天开始的热爱仍在燃烧，日本现在正在以热情回馈这一最喜爱的运

‹棒球赛季长达7个月左右，从4月持续到10月。

带我去看棒球比赛

由于读卖巨人队多次获得中央联赛和日本系列赛冠军，他们既有最狂热的球迷，也有顽固的反对者。这些反对者很高兴地宣布自己是反巨人队派（anti-Giants），所以去看他们的比赛肯定是一次令人激动的经历。但是如果你要选择某一个团队，你将会认识更多选择其他11个队伍的朋友，也许是广岛鲤鱼队或大阪阪神老虎队，它们都拥有热情的粉丝群体。

动。如今，日本棒球运动员的名字在美国也很受欢迎。

日本职棒联盟

在日本职业棒球联盟（NPB）中，12支球队被分为太平洋联盟和中央联盟，他们会在此打100多场的常规赛，希望能够进入季后赛并争夺令人垂涎的日本职棒大赛冠军。不管你懂不懂规则，去看比赛都是一种有趣的体验，即使在最闷热的夏夜，精心编排的欢呼与掌声也能产生一种令人振奋的气氛。

⌄日本乒乓球公开赛是一年一度的由国际乒乓球联合会在日本举办的公开性乒乓球比赛。

武道——各类武术

日本历史的遗产（第29页）在剑道剑的碰撞声和弓道弓箭手的姿态中显而易见。虽然不再是为了战斗，但是“武道”概念仍然通过练习现代武术得到保留并受到尊重。武道不仅重视每项运动所需的技能，还重视培养精神纪律以及在日益繁忙的社会中保持冷静。

相扑的起源

虽然相扑代表了武道的许多特征，但它的诞生实际上早于封建日本的武术。没有人确切地知道相扑是何时开始的，但这个日本最受认可的运动总是搭配着一个词：古老。它可能至少有1500年的历史，这是根据壁画和出土的摔跤手雕像估计的。它被认为是作为收获仪式而开始兴起，古时人们认为这种方式能取悦神灵并获得神灵对丰收的保佑。

可以肯定的是，在奈良时期（710—794年），相扑比赛最先在朝廷作为娱乐而表演；到了江户时代，为建造寺庙和神社筹集资金，摔跤运动员开始在大众面前比赛。这使得相扑的受欢迎程度超越了上层阶级，遍及大众，为相扑在1909年被宣布为国家运动铺

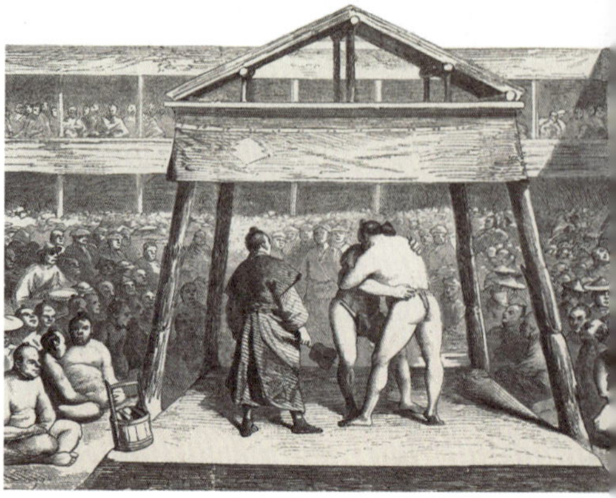

^目前在日本只有男性可以成为相扑选手，但在其他国家也有女性大力士，如巴西。

平了道路。虽然相扑被认为是非常日本化的运动，但它现已成长为一项大型国际赛事。许多摔跤手来自海外，事实上，有史以来最成功的相扑运动员是出生于蒙古的白鹏翔。

相扑锦标赛是令人难以置信的对力量的展示。

参加锦标赛

日本每年举办六场为期15天的大相扑锦标赛，其中三场在东京有11000个座位的国技馆举行，其余在名古屋、大阪和福冈县举行。相扑锦标赛是一种令人难以置信的对力量的展示，赛前可以看见力士（职业摔跤手）撒盐来净化摔跤场，他们用力把脚踩在地上，然后，当裁判点头时，砰的一声撞在一起，这砰的一声让整个竞技场的观众都倒吸一口气。有时，一场比赛会在几秒钟内结束，在最初的一系列拍打和推搡后，一名力士被扔在地上或滚出相扑摔跤场。在其他情况下，他们会花很长时间推推搡搡、僵持在一起，试图获得投掷对方的机会。

不管怎样，不难看出相扑是一项残酷的运动，相扑运动员在职业生涯中积累了一系列的伤病。这也是一种艰难的生活：许多力士一起生活在相扑训练场里，共享睡眠区，为他们的前辈做家务，并接受艰苦的日常训练。

从左到右：力士通过撒盐净化摔跤场；力士参加夏季大相扑锦标赛；除了当比赛的裁判，裁判经常在力士居住的相扑训练场工作。

古老流派

现代武术是由武士的军事传统演变而来的。忍术是忍者传下来的技能。

剑道

在剑道中，具有震慑性的震人耳膜的喊声是与剑配合使用的重要战斗方式。

4000万

这是全世界
柔道从业者的数量。

武士技能

在岛根县4月举行的
骑射比武节上
观看“流镝马”
（指骑在奔驰的骏马上
朝准目标射箭的运动）。

武术

军事科学改变了现代体育

诞生于战争的日本武术是这个国家过去和现在之间的桥梁。如今的武道修行者（第174页）不是为了战斗，而是在寻求自我提升，寻求健康、纪律以及面对生活挑战时变通性和韧性之间的精神平衡。

日本著名的代表性武术是空手道和柔道，但在日本之旅中，你还应该抽时间看看其他武术。说到历史悠久且与武士联系紧密的运动，看看弓道（射箭）就知道了，它可以追溯到弥生时代（公元前300年至公元300年）。这门武术需要人保持精神平衡和极度冷静，才能使用日本长弓从28米外击中直径36厘米的靶子。若把目标转向马，你可以观看“流镝马”，骑手们穿着传统的全套装备向靶子射击，同时他们的马在疾驰。在剑道中，现代日本还保留着另一种武士技能。使用木剑，比赛目标是在对手身体上指定的（并且保护良好的）攻击区域命中两次。像其他武术一样，对大多数练习者来说，训练的最终目的不仅仅是精通，而是学习关于武道的哲学：学习尊重和自我控制，努力实现个人发展。

‹观看武术表演是了解日本历史的一种独特而激动人心的方式，位于东京的日本武道馆有很多机会观看比赛。

食在日本

无论你在日本的哪个地方旅行，你都会很快发现和食的独特乐趣。季节性和当地特色形成了与众不同的菜单，厨师高超的技艺能够将最简单的食物提升到艺术水平。从高端寿司到廉价拉面，日本美食无论是味道、口感和造型，都令人垂涎三尺。若想度过一个特别的夜晚，这里有精致的开胃菜、天妇罗和铁板烧；若想快速品尝各类美食，这里有各种拉面和街头小吃。爱吃甜食的人可以先尝尝传统的“和果子”、奶油夹心可丽饼以及便利店摆放的各种甜面包、巧克力和糖果。关于饮料，同样有多种多样的选择——提神的绿茶、美味的清酒、获奖的威士忌等。面对这么多的美味，日本人能保持如此苗条真是个奇迹。

从地图开始

探索日本美食

在日本吃好很容易，无论是大阪的街头美食还是东京的米其林星级餐厅。地方特产比比皆是，所以关键是什么都要尝一尝。值得一提的是北海道以其高质量的农产品而闻名，而冲绳以其猪肉菜肴而闻名。用一杯当地的威士忌或清酒来搭配食物，如果喝多了，就花些时间享受宁静的茶道。自动售货机和便利店能够满足你的每一个突发奇想，无论白天还是夜晚，你都不会挨饿。

^永恒的茶

京都南部的宇治茶场出产日本最好的绿茶（第196页）。在宇治市中心的福寿园宇治茶工坊，你可以尝试购买各种茶叶，也可以参加茶叶品鉴会。

寿司灵感

20世纪80年代，一个挪威代表团向日本建议在寿司中使用鲑鱼。

冲绳珍宝

各种猪肉菜肴在冲绳的菜单上都很受欢迎，甚至炖猪蹄和醋耳朵也是如此（第189页），还可以搭配泡盛酒（冲绳当地的一种从大米中蒸馏出来的超强烈酒）。

>吃到破产

大阪的非官方格言是“吃到破产”。大阪人热爱食物，这座城市以其美食而闻名（第188页）。和当地人一起品尝便宜又美味的街头小吃，比如“章鱼烧”。

威士忌乐园

由日本威士忌生产商——一甲威士忌蒸馏有限公司（Nikka）经营的余市酒厂是日本主要的酒厂之一。

余市

北海道

∨国家的面包篮

日本四个主要岛屿的最北端是该国最大的大米、小麦、土豆、豆类、甜菜和乳制品的生产地。对于日本人来说，来自北海道的农产品一定很优质（第188页）。

迷失在翻译中

英语中的“sake”
一般指“日本酒”。
日语中的“sake”
或“お酒”泛指酒。

盛冈

面条挑战

盛冈以吃碗仔荞麦面的挑战而闻名（第188页）。

新潟

<清酒中心

新潟的酿酒厂生产日本最高品质的清酒（第202页）。来自该地区融雪的纯净水是酿造过程中的一个关键部分，同时它还滋养了种植当地清酒用大米的稻田。

东京

<美食之都

东京是世界上充满美味的地方之一，拥有所有城市中最多的米其林星级餐厅。请自己享用一顿精心准备的晚餐，或者买一份便宜的午餐。

有礼貌

饭前说“我开动了”，
饭后说“谢谢款待”。
这样是很有礼貌的，
以对参与制作饭菜的所有人
表示感谢。

›手握寿司是在米饭上放一薄片鱼。

寿司与刺身

无处不在的经典

请外国人说出一种日本食物，他们很可能会说寿司。放有海鲜的淡醋米饭已经成为一道独特的国菜。刺身即没有米饭的生鱼片，或许在国际上不太为人所知，但同样是日本料理的经典。

芥末

芥末是寿司和生鱼片的必备调料，它不仅能提供温暖的味道，还能抑制生鱼中可能导致食物中毒的某些微生物。

寿司

当今世界上所谓的寿司是在19世纪的东京发展起来的。最初是一盘放在醋米饭上的生鱼片，后来演变成一口大小的快餐。目前的寿司形式跨越了多个烹饪层次，从米其林星级餐厅如东京银座的“数寄屋桥次郎”，到低成本的回转寿司。在一个特殊的场合去高档餐厅，你可以享受一份直接为你准备的季节性海鲜寿司的菜单，通常从较清淡的味道开始，如比目鱼，然后到较重的味道，如海胆和鳗鱼。

像大多数与家人朋友一起享受寿司的方式一样，走低价路线，你仍然可

以吃得很好，从传送带上拿下你喜欢的任何东西，甚至是非常不搭配寿司的配菜，比如炸鸡、奶酪薯条和奶油冻糕。超市更便宜，在那里你可以买到高质量的寿司便当，是野餐的理想选择。

刺身

刺身比居酒屋菜单上的寿司更常见，是家庭晚餐的一部分，还是精致的会席料理（第191页）的前期主菜。刺身更受欢迎，尽管它在日本之外没有寿司那样有名。

也许那是因为刺身是一道特别简单的菜，只是用少许酱油、芥末或姜末巧妙地搭配新鲜海鲜的切片。简单的生鱼片作为开胃菜与清酒（第202页）完美搭配，此时上颚还未接触其他食物，足以品尝到用这种方式烹制的海鲜的美味。金枪鱼、鲑鱼、鲷鱼、鱿鱼、鲣鱼、黄尾鱼和章鱼是菜单上的经典菜品。

^自上而下：回转寿司是按盘收费的；刺身必须用筷子吃，但是寿司也可以用手吃。

面条

国民美食

荞麦面

乌冬面

素面

在家里吃，在没有装饰的小摊上吃，在餐馆里吃，午餐或晚餐，热的或冷的，加香料的或清淡的，日本的面条经常以各种形式出现。

在日本所有的面条品种中，排在首位的是拉面。其最早是在19世纪从中国引入，那时日本在经历了几个世纪的锁国后重新向世界开放，今天日本全国有50000多家拉面店。这里有许多类型的拉面，根据肉汤中使用的鸡肉、猪肉、鱼和蔬菜的组合而有所不同。例如，豚骨拉面（或博多拉面）独特的乳白色肉汤源自猪骨，而札幌拉面的浓厚汤汁来自肉汤中添加的味噌（发酵豆酱）。酱油拉面是最常见的，它的汤汁是清澈的棕色，因为在鸡肉和蔬菜的底部添加了酱油。其他还有荞麦面，一种主要由荞麦粉制成的褐色面条，其粗细和长度与意大利面条相似，通常搭配冷冻的酱汁或热的高汤食用。乌冬面是一种味道清淡的粗而白的小麦粉面条，最简单的做法是放在汤汁（鱼汤或海苔汤）和酱油里加热，也可以用浓咖喱酱调味或其他方式烹饪。素面是一种非常细的小麦面条，在夏天酷热潮湿的环境下，它永远是最佳选择。因为在夏天，冷藏的素面可以和同样凉爽的酱油及蘸汁一起食用。

啧啧有声

不管是什么面条，配乐都是一样的：啧啧有声。在某些文化中，吃东西发出声音被认为可能引起其他用餐者的反感，但在日本却不是这样。啧啧有声是乐趣的一部分，是让自己沉浸在一碗面条中的短暂享受方式。它还会优

> 不管是什么面条，配乐都是一样的：
> 啧啧有声。

拉面通常配有一个陶瓷勺子来喝汤

化你的品尝体验，因为据说啜饮时的通气过程会增强味道，而轻快的吸入可以将精致的香气送入更深的鼻腔。

然而，如果你只是不习惯啧啧有声，也不要觉得不好。2016年创造的一个短语表明不是每个人都喜欢它。“面条骚扰”（Nu-hara）就是指对于别人啧啧有声的面条声而感到烦躁。

^酱油拉面的汤是以酱油为汤底。

<吃面条时，啧啧有声被认为是一种享受的表现。

^水稻在日本的种植历史已有3000多年。

米饭

基本主食

米饭是寿司和数以百万计的日常便当不可或缺的一部分，一碗碗米饭是传统早餐和套餐的一部分，它还被加工成年糕、米饼和清酒。大米是日本的主食。

水稻种植是日本的一个主要产业，该国的稻田每年生产750万吨水稻，包括食用品种如越光和清酒品种如山田锦。水稻多种植于农村地区，如北海道、新潟和东北地区的农村，但小规模农场分散在全国各地。水稻生产周期始于春天，农民在温室中培育幼苗，然后将幼苗移植到稻田厚厚的湿泥之中，当然还需要犁耕和灌溉稻田。到了秋天，稻秆会垂下金黄色的穗，等待收割。

⌄水稻收割通常在秋天进行。

人气料理

随着越来越多的西方食物进入日本饮食界，日本的大米消费量开始下

<左图：便当通常以米饭为特色，配以有趣的装饰。下图：在有几道菜的一餐中，米饭通常单独放在一个碗里。

降，但除了寿司、便当和普通碗装米饭，大米仍以无数种形式出现。比如越来越受欢迎的“丼”，就是将米饭放在碗里，然后在米饭上面放上各种东西，比如“天丼”（上面放上天妇罗）、“牛丼”（用牛肉和油炸洋葱混合而成）和“亲子丼”（鸡肉、洋葱和松散的炒鸡蛋），这些只是你可能会遇到的一部分选择。源自中国的炒饭在日本也是另一种非常受欢迎的米饭，另外还有日本、印度和泰国的咖喱饭。饭团是一种美味的小吃，在每个超市和便利店都能找到（第192页），而富有营养的清淡米粥是一种完美的养胃食物，如果你感觉不舒服的话，可以打开电饭煲制作，日本的电饭煲都有熬粥的功能。

2.5

日本平均每人每天吃2.5碗米饭。

鉴于大米的分布如此广泛，日本人用“ご飯”这个词来表示“米饭”和“饭菜”可能不足为奇。它也在“朝ご飯”（早饭）、“昼ご飯”（午饭）和“晚ご飯”（晚饭）中作为结尾词出现。

注意举止

吃饭的注意事项很容易理解。首先，不要把筷子插在饭碗里，这是葬礼上的做法，正确做法是放在筷子支架上。另外，用饭碗吃饭时，一只手端着碗，然后用筷子一口一口地送向嘴里。这样任何掉落的食物都会落到碗里。有礼貌的做法是吃完每一粒米，以表达你对食物和农民的感激之情。

># 地方美食

体验地方风味

去当地旅游就要吃当地的特色美食，日本每个城市和地区都有值得品尝的特色菜。强烈推荐以下各种美食。

北海道 日本大受欢迎的地方菜肴驱散了北海道严冬的寒冷，比如札幌拉面的筋道面条和味噌浓汤，以及成吉思汗羊肉烧烤和温热的咖喱汤。

东北地区 岩手县的盛冈是面条之乡，“盛冈三大面”有汤汁酸辣的筋道凉拌冷面、搭配肉末味噌酱的小麦炸酱面。另外，最具特色的是一口一碗的碗仔荞麦面。现在发展出一个“尽兴吃”的挑战，用餐者可以看到自己吃掉了多少碗仔荞麦面。最高纪录是632碗，实在令人吃惊。

东京 东京的文字烧是典型的B级美食，简单便宜而又温暖美味。这是一种带有气泡的黏稠的面糊，里面混合了卷心菜丁等食材。若想品尝一下的话，最好选择东京月岛附近的一些文字烧餐厅。

京都 京都有与众不同的素食。豆腐的菜肴有豆腐锅，以及精进料理，这是一种以豆腐和时令蔬菜为主的佛教菜肴。

大阪 章鱼烧是一种经典的大阪街边小吃，人们将章鱼块放入面糊中烹制成球状，然后放入香浓的棕色酱、海苔、蛋黄酱和鲣鱼花一起食用。

>章鱼烧这样的街边小吃在被称为“屋台”的摊位上出售。

<札幌拉面的配料各不相同，但汤通常是味噌汤。

尝一尝

开启日本美食之旅。

①北海道：用丰盛的食物温暖你的身心。

②东北地区：看好你的面条，试试碗仔荞麦面挑战。

③东京：享用家常且便宜的文字烧。

④京都：进入素食天堂。

⑤大阪：上街试试章鱼烧。

⑥广岛：翻转美味可口的御好烧。

⑦九州：尽情享用日本最好的拉面。

⑧冲绳：肆意品尝各种猪肉菜肴。

广岛 御好烧在日本各地都很常见，但广岛的制作方式十分特别。最关键的是加入了炒面，并且面糊在美味的调味汁中起泡之前配料会逐渐分层。

九州 对于拉面爱好者来说，福冈的博多拉面是最佳选择。它的汤汁是豚骨汤，面条比其他拉面细，面条上放着薄薄的猪肉片和细细的葱丝。

冲绳 冲绳菜单上的各类猪肉菜肴备受欢迎，当地特色菜包括醋熘猪耳朵和慢炖猪蹄。其中，最受冲绳人欢迎的菜肴当属苦瓜什锦小炒，这是一种由岛豆腐、鸡蛋、斯帕姆午餐肉和当地苦瓜烹饪而成的爆炒小菜。

东京的文字烧是典型的B级美食，
简单而温暖。

专栏

前菜

会席料理的菜品各不相同，但通常有固定类型的菜肴。一般先从前菜开始，这是一种开胃小菜。

清汤

这种清淡爽口的汤是一种清爽的开胃汤，几乎没有配菜装饰。

八寸

“八寸”是由四五道开胃菜组成的时令性拼盘，在所有会席料理菜肴中最具吸引力、最具艺术性。

醋物

一种以醋为主的小菜，旨在开胃。一般以蔬菜或海鲜为特色。

食事

用餐快要结束时，米饭、味噌汤和腌渍小菜，这三类食物组成的套餐会被一同端上桌。

水物

会席料理的餐后甜点，有时令水果、冰激凌、传统甜点，等等。

御作

由各种生鱼片（第182页）组成，因季节和地区而异。

炖菜

一道用文火慢炖的蔬菜菜肴，与鱼、肉或豆腐一起食用。

烧物

一种展示应季的淡水鱼、海水鱼、当地和牛等肉类的烧烤。

炸物

油炸类菜肴，一般以天妇罗为主，搭配蘸酱或盐调味。

蒸物

这道蒸菜可以放入鱼肉、鸡肉、蔬菜或者蛋羹。

会席料理

传统的美食集合

没有什么能像会席料理一样展示日本烹饪艺术的复杂性。会席料理由专业餐厅准备，也可能作为日式传统旅馆的晚餐，通常有10至12道菜，用餐时间长达几个小时。在你开始吃饭之前，不论是传统的茶室风格装修，还是身着和服的员工与宁静的氛围，都带给人一种深入的日式体验。虽然上菜过程和提供的菜肴会有所不同，但有一点可以保证，那就是对时令性食材的重视。装在精美漆器和陶瓷里的菜肴就像一件件艺术品。漆器和陶瓷上装饰着季节性图案，比如春天的樱花。

^从左到右：便利店摆放着品类极其丰富的各种零食；日本米果种类丰富。

零食

在旅途中品味美食

无论是看电视时吃的“煎饼”（仙贝），还是在厨房里偷偷摸摸吃的“蜜瓜面包”，日本人非常喜欢吃零食。参观任何一家便利店都会有各种各样的小吃，你可能会困惑日本人是如何获得苗条与健康的名声的。

除了日用品、现成的食物与饮料，在7-11、全家（Family Mart）和Mini-Stop之类的便利店，孩子们可以买到便宜的口香糖、糖果和“美味棒”等经典零食，美味棒是一种有奶酪、玉米浓汤、红烧等许多口味的玉米棒。便利店货架上放着巧克力和耐嚼的东西，如百奇（Pocky）的巧克力饼干棒和水果软糖“嗨啾”（Hi-Chew），以及当地的薯片品牌，有咸味、清汤味、比萨味、梅子味、盐海藻味和明太子味等多种口味。还有更传统的美味零食，比如仙贝之类的硬米果，一般有酱烧味，也有甜味、海苔味、芝麻味等。另外，和果子（第195页）一般会搭配茶饮一起享用。

> 不同于你在法国看到的薄饼，
> 日本版的薄饼都是超大量的。

便利店也出售饭团，它连接了小吃和正餐之间的烹饪中间地带。它们

^从左到右：饭团在日本各地的便利店都很常见；日本可丽饼是一种受欢迎的街头食品，有数百种口味。

实际上不是球形，大多数是三角形的。饭团是廉价午餐或快速补充能量的理想选择，相当于日本三明治。饭团外面的紫菜包着里面的米饭，经典的单一馅料有海带、酸梅、鲑鱼和金枪鱼，再配上蛋黄酱。

除了便利店，蛋糕店和面包店提供了甜品宝库。奶油千层酥和红豆馅甜甜圈是常见的美食，最奢侈的食物可以说是日本薄饼。不同于你在法国找到的薄饼，日本版的薄饼都是超大量的。最具代表性的是东京原宿可丽饼咖啡馆中那色彩缤纷的成品，裹着生奶油和水果的可丽饼，涂上巧克力酱和焦糖酱，有些还裹着一大块奶酪蛋糕或者冰激凌球。

品味当地

在日本，你会注意到一个流行趋势——地区性。受欢迎的零食品牌通常根据当地特色打造地域性产品。日本有送“土特产”的习俗，即带回当地特产送给朋友、家人和同事做纪念品。日本零食品牌奇巧（Kit-Kats）便是一个典型例子，它具有不同的地域风味，比如京都的焙茶、信州地区用于刺身的美味的混合香料、静冈的芥末，以及日本的特色，如清酒、抹茶口味等。该品牌最初在日本流行是因为发音听起来像日语的“一定能赢”，这让它成为一份给予鼓励的礼物。

季节性形状

茶馆里供应的和果子
通常根据季节制作。

完美搭配

和果子的甜味
旨在平衡绿茶的苦味。

和果子

精致的点心

“和果子”（日本传统点心）是精雕细刻的可食用艺术品，一般会配有一杯味道舒缓的绿茶。它们是茶道中历史悠久的组成部分（第198页），也可以在超市、便利店和糖果店找到并随时享用。

和果子有无数的变体，但许多都有某些共同的特征。比如和果子很少用奶油或巧克力，通常以豆沙、糯米糕、茶、芝麻和水果等调味品为特色。最常见的是大福，这是一种圆形的小糯米糕，通常用豆沙或一整颗草莓做馅。另一款经典的和果子是羊羹，这是一种典型的用豆沙、糖和日本琼脂制成的点心，也可以留意下绿茶、栗子和李子等豆沙之外的口味。如果你要去东京东北部的柴又地区，那么团子则是一种必不可少的美味佳肴，这些由米粉制成的小团子串尤为美味，在团子上面涂上又甜又黏的酱，然后在烤炉上烘烤一下。其他亮点包括“馒头”（一种豆沙馅的小点心）、“铜锣烧”（一种夹心点心）、“蕨饼”（一种涂有甜烤大豆粉的很有弹性的蕨菜淀粉点心）和“花林糖”（一种由红糖、面粉和酵母制成的油炸食物）。

美丽的创造

和果子的设计
是为了让人们
欣赏它的外观和感受味道。

‹和果子的形状、质地和味道千差万别，
有些形式只有在特定的地区或季节才有。

茶

日本最受欢迎的提神饮料

商务会议上可以喝茶，全国各地的自动售货机里也都装有瓶装或罐装的茶饮，且冷热兼备，茶还是甜点或被炉的完美搭配。绿茶是日本的一种常见饮品，充满了营养和咖啡因。

茶最早由佛教僧侣从中国带到日本，日本最早提到饮茶的时间是在9世纪早期。1200多年来，绿茶一直是人们日常生活的重要组成部分。喝茶是一个健康的习惯，绿茶不仅富含维生素C，而且还含有抗氧化剂。研究表明，经常饮用绿茶对健康有很多益处，比如降低患心血管疾病以及中风的风险，降低坏胆固醇水平，还具有潜在的抗癌功效。

从东京酷酷的咖啡馆到寺庙花园中精心设计的茶道，随处可见人们喝茶的场景（第198页）。目前来看，最常见的方式就是直接喝热的或冷的绿茶，你

传统上用手工茶壶泡茶叶、倒茶水。

> 你甚至可以找到绿茶制成的面条、奶油布丁和利口酒。

尝试不同的茶

煎茶

这种典型的绿茶是由整片干燥的茶叶制成的。煎茶的苦味与清香十分均衡。

玉露茶

玉露茶是最高等级的绿茶，在比正常温度低的温度下制作而成。它营养丰富，十分可口。

也可以在冰拿铁和奶昔中找到它。绿茶的作用远不止于饮料。奇巧、百奇、奥利奥等许多甜点品牌都有绿茶口味，而且经常可以在便利店里看到抹茶冰激凌。如若参观京都宇治市的茶叶中心或者日本最著名的茶叶产地静冈县，你很快就会发现绿茶制的面条、奶油布丁、甜味年糕和利口酒等。茶简直无处不在。

抹茶冰激凌

^从左到右：静冈被誉为日本绿茶之都；抹茶由粉末制成。

⌄大麦茶

大麦茶由大麦制作而成，在夏天尤其受欢迎。

焙茶

茶叶经过烘烤形成一种香味浓郁的茶，呈红棕色。

^抹茶

一种精细研磨的粉末，需用热水冲泡，抹茶是茶道中使用的茶。抹茶营养丰富，粉末状，味道浓醇。

玄米茶

干绿茶混合在一起，并用糙米来增加坚果的味道。

茶道

关于茶的艺术

日本茶道是一种精心设计的仪式，几个世纪以来茶道一直通过专注于当下来净化心灵。关于将粉末状绿茶和热水搅拌成泡沫状抹茶的确切方法、茶具的摆放，甚至是词汇，都有严格的规定。茶道植根于禅宗的信条和武士的精神纪律，它的原则基于日本最著名的茶道大师千利休在16世纪制定的规矩。插花（第75页）、书法（第92页）、陶艺（第86页）和园林（第78页）等，与之相关的配套工艺的形成都受到了茶道哲学深刻的影响。包括怀石料理在内的一次茶道仪式可以持续4个小时，不过你可以参加持续20分钟到90分钟的更短版本。若想欣赏美丽的庭园，可以前往石川县金泽市的玉泉园；若想要完全沉浸于关于茶的一切，可以去岛根县松江市参加每年10月举办的“松江城大茶会”。另外，京都是茶道流派“里千家”的总部所在地，里千家提供关于茶道的深度学习课程。

礼节

谈话时，内容主要集中在
茶碗的美丽、茶的美妙味道、
庭园景观或者插花上，
说话要掌握分寸，尊重对方。

威士忌

获奖烈酒

在日本，威士忌生产是一项相对较新的工艺，但该国的酿酒商很快就在该行业留下自己的印记。如今，被誉为世界级的日本威士忌赢得了无数的奖项与赞誉，对于一个威士忌酒厂数量相对较少的国家来说，这个成绩还算喜人。

苏格兰血统

1853年，经过两个多世纪的锁国，美国军舰打开了日本。美国人带了礼物，包括几桶威士忌。然而，直到1920年，化学家竹鹤政孝从苏格兰学习威士忌酿造归来，棕色烈酒的蒸馏秘密才传到了日本。1923年，竹鹤帮忙建立了山崎酒厂，后来又建立了自己的余市酒厂。两家公司背后的公司——分别是三得利和一甲——如今仍主导着日本威士忌行业。

> 三得利和一甲公司内部蒸馏出令人难以置信的系列威士忌。

当地特色

日本的酒厂一般坚持苏格兰式方法，但该国不同的季节对威士忌的熟成有显著影响：寒冷的冬天会延缓陈酿过程，而潮湿的夏天会加快陈酿过程。人们在陈酿过程中使用了各种各样的木桶，最终该国最著名的本土木材日本橡木，陈酿出了独特的威士忌，这种威士忌香气微妙而浓郁。与苏格兰同行不同，三得利和一甲公司内部蒸馏出令人难以置信的系列威士忌，使他们能够更好地控制自己的产品，尝试不同的威士忌制作技术。

‹余市酒厂成立于1934年。

<从左到右：三得利每天可生产250种混合威士忌；威士忌高球是一种令人耳目一新的威士忌加苏打水的混合物。

日本威士忌既可以直接饮用，也可以加冰块饮用，但在日本最受欢迎的享用方式是威士忌“高球”，即以三份碳酸水和一份威士忌的比例混合而成，这种便宜的混合物效果也很好。威士忌高球在二战后的几十年里推动了威士忌在日本的发展。加入苏打水降低了高含量酒精的浓度，创造了一种深受日本全民喜爱的提神饮料。20世纪80年代初，威士忌由于地瓜烧酒、大麦烧酒或大米烧酒等烈酒的流行而失宠，正是威士忌高球让日本威士忌在21世纪初再度繁荣。高球并不会抢走食物的美味，这使它成为搭配美食的理想选择，它与章鱼烧、御好烧以及烤肉都是非常完美的“灵魂搭配”。

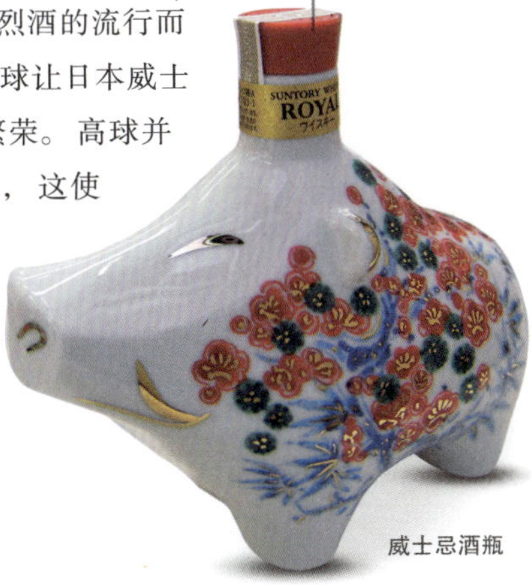

纪念酒瓶用以庆祝猪年等节日活动。

威士忌酒瓶

参观威士忌酒厂

了解威士忌的制作，品尝顶级产品。

①余市酒厂（北海道余市町）：余市酒厂可能是日本最美丽的酒厂，也是世界上唯一拥有燃煤罐式蒸馏器的威士忌酒厂。

②麒麟富士御殿场酒厂（静冈县御殿场市）：麒麟的威士忌酒厂坐落在富士山脚下，为其威士忌提供水源。

③山崎酿酒厂（大阪府岛本町）：山崎酿酒厂成立于1923年，是日本最古老的酿酒厂。

清酒

典型的日本烈酒

日本人称之为“日本酒”，英语单词是“sake”，不管用什么术语，据估计这种形式的发酵大米酒在日本已有将近2000年的饮用历史。最早在寺庙神社酿造（清酒在许多仪式中仍然发挥作用），之后室町时期（1333—1573年）出现第一家清酒酿造厂，清酒已经成为日本的国酒。

> 这种形式的发酵大米酒在日本已有将近2000年的饮用历史。

古老的酿造流程

日本1200家清酒酿造厂遵循基本的流程，几代人以来几乎没有变化，它们每年生产约1.68亿升。首先，大米经过抛光、清洗和蒸煮，然后与清酒酵母和清酒曲（用霉菌培养的大米）混合，混合几天后发酵，然后加入水中进行三四周的完全发酵。装瓶前进行压榨、过滤、巴氏杀菌和熟成。最后被倒入玻璃杯中，大家干杯畅饮。

清酒等级

等级是清酒的关键部分。等级最高的是纯米大吟酿，精米度至少为

^上图：优质大米是上好清酒的必备原料。右图：清酒在柏树制成的木桶中熟成。

^清酒经常装在精致的陶瓷杯里。

50%。这样做是因为米粒外部含有的脂肪、蛋白质和其他物质会产生不良味道，或者干扰发酵的物质。最关键的是发现所有蕴藏淀粉的部位，正是这些淀粉在酿造过程中发酵成顶级清酒。大米碾磨程度越高，酿造出来的酒口感越细腻、香气越浓醇、口味越温和。而纯米大吟醸的特别之处在于纯米部分，不添加其他酒精，仅有的成分是大米、水、清酒曲和酵母。而等级低的酿造清酒则由大量的蒸馏酒混合而成。

五花八门的清酒种类

对于清酒爱好者来说，如何定义每种清酒取决于它的复杂性。它是在哪里酿造的、由谁酿造的、使用了什么大米、大米的碾磨程度如何、使用了哪种清酒曲或酵母，以及酿造温度，等等。对于普通饮酒者来说，选择标准则更加简单。一般的清酒选择标准，比如“辛口”（不甜的）、“甘口”（甜的）、温度等。普通的清酒一般是室温或冷藏的，但在寒冷的夜晚，一杯温热的清酒更为醉人。这些选择完全取决于你的个人品位，而不是规则或礼仪。

清酒通常和食物一起搭配享用。无论你选择哪种清酒，在大多数餐馆和居酒屋里，一般会点1合（180毫升）的清酒，这种清酒装在一个小玻璃瓶里，配有一个很小的玻璃杯或陶瓷酒盅。有时候，你的清酒会装在一个木箱状的酒枡里，里面放有一个玻璃杯，玻璃杯被倒满酒后，清酒会流入酒枡里。清酒与日本料理堪称完美搭配，你也可以尝试将其与奶酪、牛排、薯条等各类西餐搭配。

健康日本

日本是世界上有名的长寿国家之一，这在一定程度上归功于健康的传统饮食。向内看，一定程度上思维方式或许也在日本独特的健康长寿文化中发挥了作用。群体的重要性和感激与他人的每一种联系有助于减少孤独感，而孤独感会折磨那些在现代生活的日常琐事中苦苦挣扎的人。与此同时，“生存意义”的概念要求我们寻找早上起床的原因，并鼓励日本的老一代人继续外出并保持活跃。日本文化中许多根深蒂固的思维方式沿用了古老的宗教教诲，提供了一个不同于西方思想的视角。例如，神道教通过自然崇拜和居住在我们周围的神灵来培养对大自然的热爱。这些原则延伸到大自然里，比如通过森林浴帮助减轻城市生活的压力。其中最令人愉快的就是泡在日本的温泉里。

从地图开始

探索健康日本

在日本的日常生活中，你很容易接受这个国家的一些健康生活方式，尤其是鱼、米饭和发酵食品等传统饮食。为了锻炼身体，可以和周末慢跑者一起在东京皇居附近跑步，再远一点可以去追寻朝圣者的步伐，或在美丽的国家公园徒步旅行。日本崇尚自然的神道教信仰十分强烈，一直都非常重视在户外度过时光，出去放松的最好方式便是泡一泡天然温泉，既能消除忧虑，又能让皮肤焕发健康的光彩。

爱恨交织

纳豆，这种质地黏滑的豆豉非常有益于健康，但是就连很多日本人都不喜欢。

^四国朝圣

这条环形路线连接88座佛教寺庙，长1400千米，可能需要60天的长途跋涉（第215页）才能走完全程。在旅途中，可以看到崎岖的海岸线、陡峭的山脉和美丽的乡村风景。

边锻炼边欣赏美景

引人入胜的海滩和岛屿密布的大海，这些壮观景象只是岛波海道70千米自行车道的部分景色，这条自行车道横跨日本南部的濑户内海。

>健康饮食

冲绳县是世界上百岁老人比例较高的地区之一（第212页），他们非常健康，以植物为基础的饮食平衡了他们对猪肉的喜爱。日式居酒屋Yunangi有经典菜肴，另外在那霸市的冲绳味道餐厅（Taste of Okinawa）的烹饪课上也会教授经典菜肴。

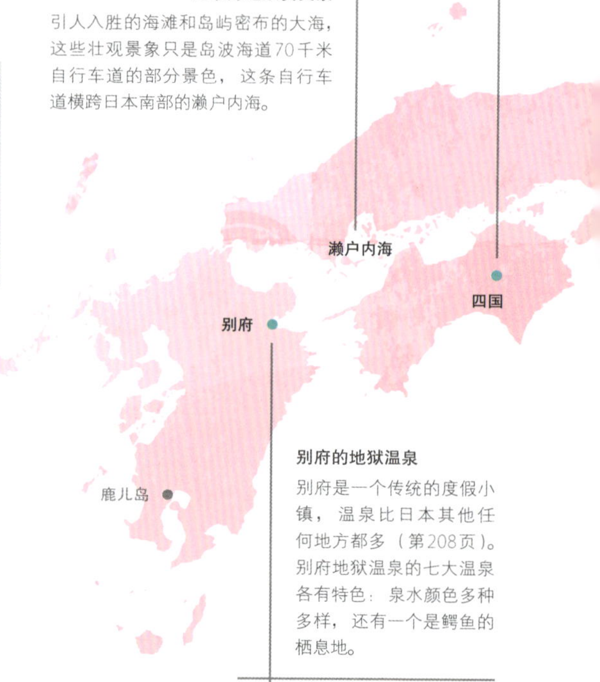

别府的地狱温泉

别府是一个传统的度假小镇，温泉比日本其他任何地方都多（第208页）。别府地狱温泉的七大温泉各有特色：泉水颜色多种多样，还有一个是鳄鱼的栖息地。

函馆市

新潟

东京

寿命

女性平均寿命为87岁，
男性为81岁，
日本有65000多名百岁老人。

天堂般美妙的樱花世界

“一期一会”是日本的一个概念，它敦促我们珍惜此刻，珍惜每一次见面（第218页）。通过与朋友在函馆市的五棱郭公园聚会或参加赏樱派对，创造属于自己的珍贵回忆，享受转瞬即逝的春日美景。

回归自然

森林浴（第219页），是都市人群解压的一种方式，通过沉浸在大自然的美景、气味和声音中，感受大自然的治愈力量，从而摆脱束缚。就连不断扩张的东京也在附近的高尾山提供了一处休闲放松的场所。

冷与热

带着滑雪板，在新潟县几十个滑雪场畅玩，然后泡在温泉里暖和一下。先去燕市白雪茫茫的滑雪场，再去绿草茵茵的月冈温泉。

文身

在日本，许多温泉都禁止
有文身的人进入。
预订前请检查一下相关规定。

温泉

必不可少的温泉体验

日本有100多座活火山和27000多处温泉，以该国广受欢迎的温泉为中心，形成了独特的沐浴文化。这种对于温暖的天然温泉的喜爱使得原本非常普通的沐浴变成了一种文化和生活体验。日本人泡温泉是为了缓解疼痛，逃避日常生活的烦恼，陪伴朋友和家人。日本人是温泉迷，因此开发了专门的温泉度假小镇，游客可以穿着浴衣四处闲逛，品尝当地美食。甚至还有专为宠物准备的温泉，野生动物也参与其中，日本猕猴在长野县的地狱谷野猴公园尽情享受温泉。

浴场类型

每个度假小镇都有几种类型的浴场可供选择。钱汤是一种公共澡堂，配有人工加热的自来水，而真正的温泉使用天然泉水。位于室外的热浴被称为“露天浴”，日本人喜欢将它作为一种与大自然相联系的方式，有时可以欣赏到无与伦比的乡村美景或宁静的庭园景观。

露天温泉

许多露天温泉展示了绝无仅有的壮观景色，甚至无法通过其他任何方式欣赏。冬天去参观是一种特别美好的体验。

‹在日本北部，野生灵长类动物猕猴生活在最寒冷的气候中。

自然疗法

几乎所有温泉都能刺激血液循环和新陈代谢，其中大多数温泉含有矿物质，对治疗关节炎、糖尿病、神经痛和其他疾病有益。甚至有一个词“汤治”，是指泡在含有矿物质的温泉中有助于解决健康问题。

水中的氯化钠是温泉的关键，它能促进排汗，从而清除人体内的废物。这有助于形成柔滑的肌肤，日本女性非常珍视这一点。同时温泉有助于治疗湿疹、擦伤、烧伤和皮炎等皮肤病。

在度假小镇中，日本人可能会在泡天然温泉和用水龙头清洗之间来回折腾，但他们最后通常会选择泡在温泉中，以充分利用水的药用价值。

^没有什么比泡在四周是皑皑白雪的温暖露天温泉里更惬意的了。

> 日本有一种以温泉为中心的独特沐浴文化。

专栏

富士景观

在山梨县富士河口湖的温泉，
可以看到富士山。

传统旅馆

传统旅馆通常有私人温泉
或澡堂供顾客使用。

男女分浴

浴池通常按性别分开，蓝色的窗帘代表男浴，粉色的窗帘代表女浴。

泡温泉

治愈力量与绝世美景

日本3000多个温泉镇星星点点地分布在山脉、河谷和海岸线上，提供了一种独特的文化体验。泡露天温泉的同时还可以欣赏到日本最令人叹为观止的风景。一定不要错过这种正宗的日式体验，因为温泉不仅是恢复活力的绝佳场所，也是在周末度假或者长期进行沐浴疗法时认识日本人的绝佳场所。

不管是澡堂还是温泉，礼仪都是一样的。除了少数例外，淋浴时是裸体的，顾客在进入浴池泡澡之前，要用墙上的水龙头和肥皂将自己从头到脚冲洗干净。无论是免费提供的毛巾还是出售的毛巾，都不要接触到洗澡水（把它搭在头上是个不错的主意）。

除了典型的温泉体验，还有其他水疗服务可供选择，其中一些允许顾客穿上衣服或泳衣。在神奈川县箱根町的小涌园度假村，你可以在装满葡萄酒或清酒的浴池里泡澡，每个浴池都宣称对健康有特定的益处。在鹿儿岛县的指宿海滩，游客们穿着浴衣（棉质和服），埋在炎热的黑沙里，据说这样有助于提高生育能力和帮助减肥。

‹从左上方沿顺时针方向：指宿海滩（鹿儿岛县）；乳头温泉（秋田县）；别府（大分县）；毛巾礼仪；登别地狱谷（北海道）；法师温泉长寿馆（群马县）；富士河口湖（山梨县）；箱根町（神奈川县）。

^对于许多通勤者来说，锻炼已经成为日常生活的一部分。

饮食、运动与长寿

如何活到100岁

人们普遍认为日本人健康的生活来自鱼和米饭的传统饮食，以及晨练的习惯。目前日本有200多万人超过90岁，在健康方面肯定有一些值得借鉴的做法。

传统饮食

日本先进的公共卫生系统是该国获得健康与长寿声誉的一个重要因素，而另一个关键因素是传统经典的日本饮食。代表性膳食一般包括一碗米饭、味噌汤、一块肉或鱼，以及蔬菜和绿茶，低盐低脂且营养均衡。这些历史悠久的食物有助于预防心脏病、肥胖症和其他许多疾病。日本人也是有益心脏健康的鱼和豆类的主要消费者，从新鲜的毛豆、豆腐到发酵的纳豆，如果你能忍受纳豆黏糊糊的质地，就能吸收纳豆中富含的益生菌。新鲜蔬菜和腌制蔬菜都是主菜，海藻也是，它含有必要的营养素和抗氧化剂。甜点往往是水果或者裹有豆沙馅的食物。

日本的用餐风格似乎也在暗示人们要用心吃饭，一般是由几个小盘子组成，而不是一个盘子里堆满食物。

v毛豆和其他大豆产品可以降低糖尿病、抑郁症等各种疾病的风险。

经常锻炼

自从20世纪20年代日本放送协会NHK引入广播体操以来，对日本老年人来说，锻炼就成为日常生活的一部分。该节目今天仍在继续，提供一个

> 练习广播体操，
> 锻炼成为日常生活的一部分。

清晨锻炼的机会，让听众做完15分钟的运动之后开始一天的工作。

当然，如今早上六点半的锻炼通常是忙碌的人最不想做的事情，广播体操也不像以前那么受欢迎了。尽管如此，大约三分之一的人在早上通勤或日常工作中选择步行或骑自行车，所以许多人在日常生活中仍然坚持锻炼。

徒步在东京

如果你想在日本锻炼身体，穿上跑步装备，去东京的皇居。环绕皇居的5千米路线，不受红绿灯或十字路口的干扰，是该市极受欢迎的慢跑地点之一，也是一年中许多跑步活动的举办场地。东京还有春季大型马拉松比赛，每年有近50万人报名，但只有3.5万个参赛名额。

冲绳的百岁老人

日本以长寿健康的老年人多而闻名，特别是冲绳县。这个热带岛链的温暖气候无疑是一个重要因素，传统的植物性饮食也是原因之一，但生活方式和基本的健康文化使冲绳成为全球的榜样。即使到了90多岁，甚至更大的年龄，许多老年人仍像往常一样钓鱼和务农。“找到一个早起的理由”的观念和对社区的贡献激发了冲绳百岁老人们的活力。为了健康，可以试着学习一些他们的传统，比如遵循“腹八分”原则，即当感到八分饱时，就要停止进食。

⌄冲绳被指定为世界五大“蓝区”之一，这里的人们过着极为长寿且健康的生活。

^从左到右：镰仓（神奈川县）的极乐寺是四国八十八寺朝圣的一站；传统的朝圣者穿着白色衣服。

朝圣与路线

从新的角度看日本

弘法大师

日本大部分地区都是山，历史上旅行大多是徒步旅行。在江户时代（第29页），封建领主被要求每隔一段时间去一次江户（今天的东京），这是一次艰苦的旅途，包括武士家臣和随从在内的长队沿着官方道路前行，如中山道和东海道。对于普通人来说，旅行基本上是被禁止的，但宗教朝圣是一个例外，这使得这些朝圣路线非常受欢迎。

今天，你可以踏上其中一条朝圣之路，以此来与日本的历史相连，体验岛屿上各种各样的乡村，甚至还可以获得精神层面的启迪。

走进日本的精神世界

今天的朝圣与其说是前往目的地，不如说是享受旅程。在关西地区的熊野古道，你可以沿着拥有1200年悠久历史的纪伊山地的密林小径徒步旅行，跟随宗教朝圣者和皇室成员的脚步，他们认为熊野是“佛教净土”。熊野古道被联合国教科文组织列为世界遗产，它有多种路线可供选择，可以参观熊野神社或伊势神宫（第62页），住宿在高崖山顶的佛教寺庙里，泡温泉放松，还可以参观日本最高的瀑布等自然奇观。

四国的八十八寺朝圣是为了纪念富有魅力的佛教高僧弘法大师，9世纪他在高野山上建立了真言宗。朝圣路

‹北海道的大雪山是日本最大的国家公园。

线迂回曲折，长达1400千米，耗时60天，连接着88座寺庙。传统的“遍路朝圣人”（这条路线上朝圣者的名称）穿着白色衣服，戴着锥形帽子，拄着手杖，手杖顶端有一个小铃铛，以帮助他们专注于当下。如今，许多朝圣者坐在包车上完成全程，但为了获得真正独特的旅行体验，还是步行出发比较好。

开始长途徒步旅行

若想欣赏这个国家大城市之外的风景，那么穿上登山鞋长途徒步是很好的方式。沿途有各种各样的风景可供探索，所以可以选择穿越全国的小路，享受其间令人惊叹的风景。综合来看，大雪山国家公园是北海道最壮观的国家公园，充满了火山、森林、瀑布密布的河谷以及具有挑战性的55千米长的穿越小径。与此同时，全长700千米的陆奥海风步行道是日本最新的长步道，沿途有崎岖的海岸线、海洋风光、海滩和渔村，可以欣赏东北地区的海岸线。在本州岛中部的日本阿尔卑斯山脉，上高地是一个受欢迎的日间徒步旅行基地，而在妻笼和马笼之间的老中山道公路上，当你穿过曾经为封建领主和武士服务的旧驿站城镇时，就像是回到了过去。

⌄上高地的自然风景吸引了来自日本各地的徒步旅行者。

吉田口登山道

前往富士山顶的徒步旅行

自7世纪以来，富士山（第52页）一直吸引着登山者，尽管今天大多数人攀登富士山是出于娱乐目的，而不是心理上的慰藉。在7月至9月的攀登季节，约25万人从日本和世界各地赶来，艰难地跋涉到山顶，他们的动力来源于攀登日本最高峰的满足感，当然还有那令人敬畏的景色。有许多不同长度和风格的路线，其中最受欢迎的是大约8小时的吉田口登山道。它很容易到达，沿途有很多设施。如果想获得一次真正难忘的经历，你可以在晚上爬山，也可以在出发前的下午就睡在山上的小屋里，这样能保证你能及时到达山顶，观看那令人惊叹的日出。

御来光

日本人用一个特别的词称呼富士山顶上的日出，即“御来光”（日出）。

日本人的生活哲学

寻求内心的满足

虽然大多数日本人不愿将自己视为宗教人士，但古代精神信仰影响着现代社会的许多方面以及日本人看待周围世界的方式。神道教（第60页）的核心信仰是万物与神灵紧密相连，这体现在各种常见的仪式中。佛教的传入（第65页）带来了生命的无常观、正念和“无”等概念。“无”是指一个充满意义和可能性的虚空。儒家思想在6世纪左右传入日本，以中国哲学家孔子的思想为中心。虽然儒教本身在二战后逐渐消失，但它强调的一些思想仍然是日本文化的关键要素，比如忠诚、责任、在追求和谐时顾及他人。这种群体动力观念也是日本精神中所固有的，它将集体利益置于个人利益之上。

这些信念一直存留在日本人的生活中，比如学校中团队精神的重要性、花道（第75页）和茶道（第198页）的理念。这也是为什么今天的日本人可以在出色地完成工作时获得巨大的满足感，因为他们的成功不仅仅是个人的，而是对整个团队的贡献。也可以明白为什么他们会对春日樱花的美丽感到敬畏，品味这一完美时刻中的酸甜苦辣。

珍惜此刻

或许正是这种对生命短暂性的意识才诞生了日本“一期一会”这个谚语，意思是“一生一次的相遇”。这个想法促使我们珍惜与陌生人或朋友的任何相

‹正念和感恩自然是日本哲学的核心。

‹珍惜和朋友度过的时光，因为这些时刻永远不会重来。

释放压力

为了获得内心的宁静，不妨试一试森林浴，找到一个绿色空间，然后用所有的感官去感受。

遇，将其视为一生一次的机会。请记住，每次与朋友、家人的聚会都是独一无二的，在命中注定的相遇中邂逅你再也见不到的人是多么特殊的时刻。若要真正感受日本的一期一会，可以参加一次茶道。在茶道中，每一个经历都是不可复制的。

^通过森林浴逃离城市是一个放松的好方法。

寻找幸福

在现代社会，人们很容易被日常的通勤、工作和家务琐事所困扰。这就是为什么对日本人而言"生存意义"的概念比以前变得更加重要的一个原因。你的"生存意义"是你早上起床的原因，你可以做自己喜欢的事，做自己擅长的事，不管是工作还是爱好。你的"生存意义"会带来灵感、信心和目标，所以花些时间去寻找吧。它甚至可能帮助你更加长寿，"生存意义"或许是日本著名长寿社区（第213页）的一个重要因素，因为继续出去享受他们的"生存意义"有助于老一辈人保持快乐和积极主动的心态。

索引

致谢

The publisher would like to thank the following for their kind permission to reproduce their photographs:

Key: a-above; b-below/bottom; c-centre; f-far; l-left; r-right; t-top

123RF.com: coward_lion 44br; primagefactory 211bl.

4Corners: Susanne Kremer 6-7.

Alamy Stock Photo: Aclosund Historic 133cla; Aflo Co. Ltd. 177tl, / Kazunori Araki 49tl, / Nippon News 142crb, 154bl, 173br, / Naho Yoshizawa 102crb; Andia 47bl; ArcadeImages 109tr; Arcaid Images / Richard Bryant 119tl; Arif Iqball Photography - Japan 143bl; ART Collection 83cr; Art Directors & TRIP / Helene Rogers 109cr; Artokoloro 82-3t, / Quint Lox Limited 110cl, 133tc; Patrick Batchelder 108-9; Bazza 102clb, 159tr; BFA / FUNimation Entertainment 169br; Jeffrey Blackler 119br; Phillip Bond 104-5t; Paul Brown 202br; carlos cardetas 138tc; Berengere Cavalier 40cl; Felix Choo 173cr; Chronicle 70-1ca; Stephen Chung 125c; Classic Image 29cb; Collection Christophel / Toho company / Jewell entreprises Inc 168cla; Courtesy Everett Collection Inc 136bl, 137br, 139bl, / Ron Harvey 111crb, / Sony Pictures Television 106tr; Maurice Crooks 109bc; Danita Delimont / Rob Tilley 77tc; Rajiv Dasan 46bl; Joshua Davenport 188-9t; dpa picture alliance archive / Joerg Carstensen 156tl; Samuel Drayton 109ca; Entertainment Pictures 109crb; Malcolm Fairman 69cl, 71bc; Florilegius 85cla; Ilya Genkin 46cr; Robert Gilhooly 155t, 192tc; hemis.fr / FRUMM John 210tl; Heritage Image Partnership Ltd / Fine Art Images 84b; Thomas Kyhn Rovsing Hjørnet 125tc; Geoff A Howard 66tl; Alex Hunter 103tr; INTERFOTO 151cr; Rich Iwasaki 46tr; Japan Stock Photography 47tl; Gina Kelly 75tl; Hideo Kurihara 97c; Lebrecht Music & Arts 133tl; Andrew Lloyd 51tr; Iain Masterton 104tl; mauritius images GmbH / Jose Fuste Raga 99cra, / Jutta Ulmer 37bl, / pepperprint 24bc; Tony Mcnicol 202clb; Mint Images Limited 89br; Trevor Mogg 85cr; Gianni Muratore 108bl; Newscom 153cr, / BJ Warnick 97ca, 97cra, 135bc, 138c, 213cr; Oleksiy Maksymenko Photography 67br; christian ouellet 175br; Pacific Press Service / Ben Simmons 213br; PAINTING 85ca; Sean Pavone 148tr; PersimmonPictures.com 210bl; Photo 12 134tr; Photo 12 / 4 Kids Entertainment 137tl; Photo 12 / Itami Productions 171cla; Photo Japan 105tr; Janusz Pieńkowski 133tr; Prisma by Dukas Presseagentur GmbH / TPX 96bc; Feije Riemersma 130tr; RosaIreneBetancourt 6 192tl; S. Parente - Best of Travel - RM 8-9; galit seligmann 114br; Image Source 96cra; John Steele 206tr; StockShot / Tony Harrington 41cla; Sunshine Pics 183t; jeremy sutton-hibbert 101cb, 131tl, 143tr, 200tr, / Arakawa and Madeline Gins ***Reversible Destiny Lofts Mitaka – In Memory of Helen Keller © 2005 Estate of Madeline Gins.*** Reproduced with permission of the Estate of Madeline Gins. Nine Residential Apartments (two unit types), with a total floor area of 8,196 sq ft / 761.46 m², Mitaka, Tokyo, Japan 101bl; The Picture Art Collection 85fcra; Tribaleye Images / World Illustrated / J Marshall 210cr; Uber Bilder 28cb; V&A Images 85tr; Steve Vidler 193tr; VOISIN / PHANIE 124-5t; WaterFrame_tro 55cr; Richard Watkins 193br; WENN Rights Ltd 107bl; Wietse Michiels Food Stock 192-3t; Chris Willson 103cb; Wire.Dog 138cla.

AWL Images: Jan Christopher Becke 218bl.

Benesse House: Naoharu Obayashi / Yayoi Kusama ***Pumpkin*** 122-3.

Bridgeman Images: De Agostini Picture Library / A. Dagli Orti 86cla; Freer Gallery of Art and Arthur M. Sackler Gallery, USA / Gift of Charles Lang Freer 86cra; Pictures from History 28cla, 132bl, 176tl; Private Collection / Christie's Images / Takashi Murakami ***Multicolour Flowers, 2012*** (acrylic & platinum leaf on canvas) © 2012 Takashi Murakami/Kaikai Kiki Co., Ltd. All rights reserved 121tl; Private Collection / Peter Newark Pictures 146bl; Universal History Archive / UIG 176cr.

Dorling Kindersley: Quentin Bacon / Masaharu Morimoto 203cra.

Dreamstime.com: Baoyan 10cla; Phurinee Chinakathum 46cla; Cowardlion 61, 63bl, 214bl; Kobby Dagan 149cl; Eagleflying 176br; F11photo 26ca; Foodio 212bl; Kain Glover 212t; Katinka2014 214tl; Phillip Maguire 64-5cb; Naruto4836 131cla; Niradj 100-1t; Sean Pavone 45tr, 60cl, 63tr, 98-9, 117tl, 211tl; Rolf52 78crb; Sonyakamoz 197tr; Hiroshi Tanaka 190bc; Jens Tobiska 116tr; Zts 102bc.

Getty Images: AFP / Bertrand Guay 128bl, / Jiji Press 31cr, 157bl, / Mandy Cheng 154br, / Stephane De Sakutin 149bl, / Tiziana Fabi 133cra, / Toru Yamanaka 115cb, / Toshifumi Kitamura 147tr, 162-3t, / Yoshikazu Tsuno 161t, 161br; Apic / RETIRED 152t; Art Media / Print Collector 148c; B.S.P.I. 62tl, 79bl; Krzysztof Baranowski 158cl; Bettmann 30tr; Bloomberg / Yuriko Nakao 138cra; BLOOMimage 74bl; Burstein Collection 134tl; Buyenlarge 59br; Joey Celis 194br; Yiming Chen 191tc; Mongkol Chuewong 44bl; David Clapp 135tl; Chris Cole 174bl; Matteo Colombo 4-5; COOLMEDIA / Peter Sabok / NurPhoto 149tl; Corbis / VCG Wilson / Fine Art 29br; cyoi 194tl; DAJ 14-5, 89tr; DE AGOSTINI PICTURE LIBRARY 87crb; DEA / A. DAGLI ORTI 29cr, 93cr, / De Agostini 177cl, / BIBLIOTECA AMBROSIANA 30cb, 174tr, / DEA PICTURE LIBRARY 86fcla; Eiichi Onodera / Emi Kimata 184bl; Greg Elms 159tl; EyeEm / Hara Taketo 207cr, / Lay Koon Lim 210cl, / Sren Pedersen 80-1, / Supalerk Laipawat 20-1t; GYRO PHOTOGRAPHY / amanaimagesRF 41cra; Ernst Haas 150cr; Taylor Hill 128-9b; Hulton Archive 30br, 107tr, 148tl, / Keystone 153tl; I.Hirama 90bl, 207bc; imagenavi 88cla, 90tl, 194cr, 194bl, 195bl; Ken Ishii 156tr; Robbie Jack 147tl; Wolfgang Kaehler 88tr; Taro Karibe 214tr; Brian Kennedy 26cla; Keystone-France / Gamma-Keystone 31bc; Onnie A Koski 26cra, 130cra; Nobutoshi Kurisu 219cr; Yuga Kurita 49bl; Kyodo News 200bl; John S Lander 58clb, 100tc, 145br; Sean Marc Lee 27ca; David Lefranc 160bl; Puripat Lertpunyaroj 114cra; LightRocket / Leisa Tyler 181bl; MamiGibbs 90tr; MediaNews Group / Orange County Register via Getty Images 191cl; Michael H 72bl, 74tl; Mint Images 66-7t, 142tr; Mitsushi Okada / orion 50b; MIXA 195cl, 210tr; Moviepix / Movie Poster Image Art 168tr; Ippei Naoi 197tl; Paolo Negri 54bl; NurPhoto 64-5ca, / Cris Faga 32-3, / Richard Atrero de Guzman 148br; Tomohiro Ohsumi 106bl, 162bl; Kiyoshi Ota 173tl; Yanis Ourabah 45cr; Peter Fehrentz / Picture Press 73tl; Photo Atelier Ryunoshin 90cr; photography by Izumi05 194tr; Print Collector 28br; PYMCA 131crb; Nils Reucker 93tc; robertharding / Michael Runkel 40tr; Matt Roberts 172tr; Ryouchin 27tr, 74br; Yuji Sakai 144; Sankei Archive 166tr; Max shen 88tl; simonlong 143crb; Morten Falch Sortland 104bc; South China Morning Post / K. Y. Cheng 190tr, 190cla; South China Morning Post / Warton Li 191tr; Alexander Spatari 196bl; Matthew Sperzel 124tc, 126tl, 129tr; TASS / Valery Sharifulin 148bl, / Yuri Smityuk 58tr; The Asahi Shimbun 31crb, 71cr, 97bc, 125tr, 146br, 156b, 168tl, 174-5b, 180tr, 181cra, 186t, 201bc; Time Life Pictures / Department Of Defense (DOD) / The LIFE Picture Collection 31clb; totororo 73br; Universal History Archive / UIG 30clb; Glenn Waters 177bl; Yagi Studio 118tr; Chip Yates 126bl.

iStockphoto.com: 9Air 69tl; alphabetMN 1, 2-3; aluxum 130tl, 160br; ansonmiao 197cb; ArtSklad 140crb; azuki25 111t, 214-5t; BernardAllum 91cl; bhofack2 201tl; bonchan 195tl, 197br; supawat bursuk 102cl; Jui-Chi Chan 76-7t; Bobby Coutu 27cra, 92-3t; Jonathan Austin Daniels 110bl; DaphneOliveros 25tr; DavorLovincic 86fcra; Dinkoobraz 56cl, 204cb; DronG 184cl; duncan1890 10bl; Elinalee 56cr; enviromantic 90br; filo 56bc; FotoGraphik 25tl; fotoVoyager 24bl; georgeclerk 62-3t; Goddard_Photography 157tl; Graphyrider 52-3; gyro 196br; Hakase_ 186bl; Helen_Field 38cl, 38bl, 94crb, 94bl, 112crb, 140fcrb, 178crb, 204bc; ilbusca 94cb, 178bl; ume illus 77bc; isaxar 140clb; Joy10000Lightpower 92cr; karimitsu 206cb; katyau 140cr; kazoka30 187cr; KerinGordon 68tr; kicia_papuga 91tl; kitzcorner 183crb; kokkai 133ca; kokouu 16-7t; kumikomini 185bc; LauriPatterson 184clb; lisegagne 150cl; Lisovskaya 185t; luza studios 109cb; Manmarumaki 68tl; martinhosmart 180crb; master2 45tl; Materio 196cb; MediaProduction 176bl; merc67 203tl; Tom Merton 91bl; MrNovel 46tl, 47cl; Nachosuch 64cl; Natle 178bc; Nikada 22-3t, 41br; ntrirata 207cra; Ola_Tarakanova 112bc, 140c; oluolu3 198-9; Joaquin Ossorio-Castillo 24-5b; PamelaJoeMcFarlane 27tc; David Aparicio Pasamontes 164-5; paulrommer 38-9cb; petesphotography 54-5t; PhotomanRichard 74tr; Phurinee 68b; piyato 194cl; platongkoh 48t; powerofforever 59cla; Rawpixel 23tr; RichLegg 26tr; ririe777 10-1, 12-3, 38-9, 40-1, 56-7, 58-9, 94-5, 96-7, 112-3, 114-5, 140-1, 142-3, 178-9, 180-1, 204-5, 206-7; riya-takahashi 72cr; rockptarmigan 51tl; Satoshi-K 218-9t; SeanPavonePhoto 18-9t, 42-3b, 163tr; Shoko Shimabukuro 126-7; SireAnko 112bl; tabuday 38cla, 112cla; TatayaKudo 188bl; the.epic.man 26tc; Thoth_Adan 56fcr; undercrimson 208bl; Val_Iva 204crb; vanbeets 69bl; VanessaVolk 190crb; VII-photo 178cl; JianGang Wang 42-3t; winhorse 27cla; xavierarnau 42tl; yajimannbo 187tl; Yuji_Karaki 27tl; z10e 182-3t; Shi Zheng 197c; zzorik 178cb.

Japan House: Lee Mawdsley 36-7t.

Koji Fujii/Nacasa and Partners Inc.: 117br.

Kusatsu Onsen Tourism Association: 46br.

Nendo: Akihiro Yoshida 118bl.

Rex by Shutterstock: 20th Century Fox / Kobal 170bl; AP / Jim Cooper 167crb; Daiei / Kobal 170cla; Dentsu / Ntv / Studio Ghibli / Kobal 171tr; EPA / Everett Kennedy Brown 103br, / Franck Robichon 106cb; EPA-EFE / Ayano Sato 131bc; Madhouse / Sony / Kobal 170cb; Moviestore 138bl, 170tr, 171bl; Sedic / Rpc / Dentsu / Kobal 167tl; Ray Tang 139t.

Science Photo Library: Peter Menzel 107cla.

Shutterstock: amnat11 215br; Andreas H 78-9t; Ece Chianucci 34-5t; AKKHARAT JARUSILAWONG 106cla; Nackoper 216-7; Carolyne Parent 181cb; simpletun 210br; tasch 115cr.

SuperStock: age fotostock / Lucas Vallecillos 26tl, 208-9t; Mint Images 75cl, 75bl; Desiree Ultican 74cr.

The Hakone Open-Air Museum: 120b.

Endpapers:
Front and Back: **iStockphoto.com:** ririe777.

Cover images:
Front, Back and Spine: **iStockphoto.com:** alphabetMN.

For further information see: www.dkimages.com.

DK | Penguin Random House

图书在版编目（CIP）数据

日式生活之美/英国DK出版社编著；丁妍妍译.—武汉：华中科技大学出版社，2021.8

ISBN 978-7-5680-7124-6

Ⅰ.①日… Ⅱ.①英… ②丁… Ⅲ.①旅游指南－日本 Ⅳ.①K931.39

中国版本图书馆CIP数据核字（2021）第088359号

Original Title: Be More Japan

湖北省版权局著作权合同登记 图字：17-2021-077号

日式生活之美
Rishi Shenghuo zhi Mei

[英] DK出版社 编著
丁妍妍 译

出版发行：华中科技大学出版社（中国 · 武汉）
电话：（027）81321913
北京有书至美文化传媒有限公司
电话：（010）67326910-6023
出 版 人：阮海洪

责任编辑：莽 昱 刘 韬
责任监印：徐 露 郑红红　　封面设计：邱 宏

制　作：北京博逸文化传播有限公司
印　刷：当纳利（广东）印务有限公司
开　本：720mm × 1020mm　1/16
印　张：14
字　数：87千字
版　次：2021年8月第1版第1次印刷
定　价：108.00元

華中出版
本书若有印装质量问题，请向出版社营销中心调换
全国免费服务热线：400-6679-118　竭诚为您服务